한글만 알면 이탈리아어 첫걸음

이기철 지음

문예림

한글만 알면 펑 먹고 알 먹는

이탈리아어 첫걸음

2 판 2 쇄 발행 2025 년 5 월 30 일

지은이 이기철
펴낸이 서덕일
펴낸곳 도서출판 문예림

출판등록 1962.7.12 (제 406-1962-1 호)
문의사항 카카오톡 "도서출판 문예림" 대화 신청
전자우편 info@moonyelim.com
홈페이지 www.moonyelim.com

ISBN 978-89-7482-457-0(13780)

값 18,000원

머리말

인간의 언어 혹은 문화의 언어라고 불리는 이탈리아어는 라틴어에서 유래된 언어 중의 하나로서 문화 · 예술 분야에서 매우 유용하게 사용되는 언어이다.

이탈리아어는 명사에 성(性: 남성과 여성)과 수(數: 단수와 복수)가 존재하며, 이에 따라 관사, 형용사 등의 형태가 변하고, 말하는 사람의 표현 방식과 시제에 따라서 동사가 여러 가지 형태를 취하는 언어이기 때문에 학습자들에게는 어려움이 있을 수밖에 없다. 이러한 이유로 인하여 문법적인 지식이 없이 이탈리아어로 말하는 것은 그리 쉽지 않다.

필자는 이와 같은 점을 고려하여 다음과 같은 점에 중점을 두면서 이 책을 만들었다.

첫째, 실생활에서 사용되는 대화문을 중심으로 엮었다. 각 과의 첫 부분에 나타난 대화 내용과 더불어, 3단계의 표현 익히기, 4단계의 상황 익히기를 통하여 학습자들은 실전에서의 회화를 익힐 수 있을 것이다.

둘째, 각 과에 단어와 숙어 익히기 부분을 첨가하였다. 학습자들의 편의를 돕기 위한 이러한 측면은 학습자들이 처음 보는 단어와 숙어 혹은 이에 관련된 문법적인 내용에 대한 부담감을 조금이나마 적게 할 것이다.

셋째, 문법의 설명에 있어서는 기본적이고 필수적인 문법 사항을 제시하였다. 이러한 측면은 학습자들로 하여금 이탈리아어에 대한 개념을 파악하도록 할 것이다.

넷째, 각 과의 마지막 부분에는 연습 문제를 두어 학습한 내용을 확인하도록 하였다. 단순한 괄호 넣기 문제 외에도 독해, 작문, 듣기 등의 문제를 첨부함으로써 독자들은 이탈리아어 듣기, 말하기, 읽기, 쓰기에 관해 다시 한 번 복습하는 기회를 갖게 될 것이다.

학습자들이 상황과 문법을 중심으로 설명한 이 책의 장점을 활용함으로써 유창성과 정확성을 동시에 체험 할 수 있기를 기대한다. 이 책이 나오기까지 응원해준 가족과 가르침을 주신 모든 선생님, 그리고 출판을 위해 수고해 주신 문예림에 깊은 감사를 드린다.

2008년 10월

이 기 철

Contents

알파벳, 발음, 강세

우리 주위에는 Spaghetti, Pizza, Caffè, Cappuccino 등의 음식을 비롯해서, Sonata, Presto, Piano 등 음악 용어, Armani, Gucci, Ferrari 등과 같은 제품 상표에 이르기까지 이탈리아어가 많이 사용되고 있다. 그 만큼 이탈리아어가 우리에게 매우 가깝게 자리 잡고 있다고 생각할 수 있다.

이탈리아어는 조금 전에 언급한 단어들을 포함해서 읽기가 매우 편하다. 발음을 하는데 있어서 몇 가지 경우만 제외하고는 **알파벳 자체가 발음기호**라고 생각하고 그대로 읽어주면 된다. 이번 과에서 알파벳과 발음 그리고 강세 부분을 끝내면 모든 이탈리아어 단어를 완벽하게 읽을 수 있다.

이탈리아어 알파벳은 영어 알파벳처럼 대문자 및 소문자 모두 동일한 형태를 지닌다.

먼저, 녹음 자료를 듣고, 큰소리로 따라 읽으시오.

[Ascolto 듣기 1]

이탈리아어에서 실제로 사용하는 알파벳은 21개로 모음이 5개(a, e, i, o, u), 자음이 16개(b, c, d, f, g, h, l, m, n, p, q, r, s, t, v, z)로 구성되어 있다.

A a [*a* 아]	G g [*gi* 쥐]	O o [*o* 오]	U u [*u* 우]
B b [*bi* 비]	H h [*acca* 아까]	P p [*pi* 삐]	V v [*vu* 부]
C c [*ci* 취]	I i [*i* 이]	Q q [*qu* 꾸]	Z z [*zeta* 제따]
D d [*di* 디]	L l [*elle* 엘레]	R r [*erre* 에레]	
E e [*e* 에]	M m [*emme* 엠메]	S s [*esse* 에세]	
F f [*effe* 에페]	N n [*enne* 엔네]	T t [*ti* 띠]	

아래에 있는 5개의 알파벳은 자주 사용되지 않는 알파벳으로, 그리스어 또는 라틴어에서 유래된 단어나 외국어 표기에 사용한다.

먼저 녹음 자료를 듣고, 큰소리로 따라 읽으시오.

J j	[*i lungo* 이 룽고]
K k	[*cappa* 깝빠]
W w	[*doppia v* 도삐아 부]
X x	[*ics* 익스]
Y y	[*ipsilon* 입실론, 또는 *i greca* 이 그레까]

이탈리아어의 경우 알파벳 도표에서 보았듯이 p, q, t 를 발음할 때, [pi 삐], [qu 꾸], [ti 띠]하고 약간 딱딱하게 발음한다.

이탈리아어의 첫 문장은 반드시 대문자를 사용하며, 고유 명사인 경우는 문장 중간에서도 대문자를 사용한다.

발음

'**A, a**' 는 'ㅏ' 발음과 동일하다. 먼저 녹음 자료를 듣고, 큰소리로 따라 읽으시오.

🎧 [Ascolto 듣기 3]

Acqua [아꾸아] 물, **Amore** [아모레] 사랑, **Annata**[안나따] 빈티지, 수확년도, **Aperitivo**[아뻬리띠보] 식전주, **Aceto** [아체또] 식초, **Arancia**[아란치아] 오렌지

'**B, b**' 는 'ㅂ' 발음과 동일하다. 먼저 녹음 자료를 듣고, 큰소리로 따라 읽으시오.

🎧 [Ascolto 듣기 4]

Banana [바나나] 바나나, **Banca** [방까] 은행, **Bello** [벨로] 예쁜, **Bianco** [비앙꼬] 흰색의, **Birra** [비라] 맥주, **Buono** [부오노] 맛있는

'**C, c**' 의 발음은 '[tʃ]ㅊ' 또는 '[k]ㄲ' 발음을 갖습니다.
먼저 '[tʃ]ㅊ' 발음이 나는 경우이다. c다음에 e가 올 경우는 [tʃe], i가 올 경우에는 [tʃi]로 발음한다. 먼저 녹음 자료를 듣고, 큰소리로 따라 읽으시오.

🎧 [Ascolto 듣기 5]

Cena [체나] 저녁식사, **Centro** [첸뜨로] 시내, **Cellulare** [첼룰라레] 핸드폰, **Cetriolo** [체뜨리올로] 오이, **Ciao** [챠오] 안녕, **Cinema** [치네마] 극장

이 이외의 경우는 모두 '[k]ㄲ' 발음을 한다. 먼저 녹음 자료를 듣고, 큰소리로 따라 읽으시오.

🎧 [Ascolto 듣기 6]

Caffè [까페] 커피, Colore [꼴로레] 색깔, Cucina [꾸치나] 부엌, 요리,
Chiesa [끼에자] 성당, Clima [끌리마] 기후, Corpo [꼬르뽀] 바디, 몸체

‘D, d’는 ‘ㄷ’ 발음과 동일하다. 먼저 녹음 자료를 듣고, 큰소리로 따라 읽으시오.

🎧 [Ascolto 듣기 7]

Data [다따] 날짜, Delicato [델리까또] 섬세한, Dimensione [디멘시오네] 크기,
Dentista [덴띠스따] 치과의사, Domani [도마니] 내일, Due [두에] 둘(2)

‘E, e’는 입을 양 옆으로 더 벌려서 발음하는 열린 음(개음)과 덜 벌려서 발음하는 닫힌 음
(폐음)이 있다. 먼저 녹음 자료를 듣고, 큰소리로 따라 읽으시오.

🎧 [Ascolto 듣기 8]

개음[è]: Erba [에르바] 풀
        Epoca [에뽀까] 시기
폐음[é]: Emozione [에모찌오네] 감동
        Equilibrato [에뀔리브라또] 균형 잡힌
＊è의 대문자 형태는 È 이며, é의 대문자 형태는 É 이다.

‘F, f’ 발음은 영어 발음에서의 f와 동일하다. 아랫입술 안쪽으로 윗니가 스쳐 들어가며 나
오는 발음이다. 이곳에서는 발음 표기를 해야 하는 관계로 ‘b’, ‘v’는 ‘ㅂ’으로, ‘f’는 ‘ㅍ’
으로, ‘p’는 ‘ㅃ’으로 표기했다. 먼저 녹음 자료를 듣고, 큰소리로 따라 읽으시오.

🎧 [Ascolto 듣기 9]

Farmacia [파르마취아] 약국, Fermentazione [페르멘따지오네] 발효,
Fiore [피오레] 꽃, Foglia [폴리아] 잎, Formaggio [포르마지오] 치즈,

‘G, g’은 ‘[ʤ]ㅈ’ 혹은 ‘[g]ㄱ’으로 발음되는 경우와 발음을 하지 않는 ‘묵음’인 경우가
있다.
먼저 ‘[ʤ]ㅈ’ 발음이 나는 경우이다. g다음에 e가 올 때는 [ʤe]로, g다음에 i가 올 때는 [ʤi]
로 발음된다. 먼저 녹음 자료를 듣고, 큰소리로 따라 읽으시오.

🎧 [Ascolto 듣기 10]

Gelato [젤라또] 아이스크림, Gelateria [젤라떼리아] 아이스크림 가게,
Giardino [쟈르디노] 정원, Giacca [쟈까] 재킷, Giallo [쟐로] 노란색의

다음은 '[g]ㄱ' 발음을 하는 경우이다. 먼저 녹음 자료를 듣고, 큰소리로 따라 읽으시오.

🎧 [Ascolto 듣기 11]

Gatto [갓또] 고양이, Grado [그라도] 도수, Gruppo [그룹뽀] 그룹,
Gonna [곤나] 치마, Ghiaccio [기아취오] 얼음, Grappolo [그랍뽈로] 포도송이

다음은 'g' 발음을 하지 않는 '묵음'인 경우로 gli[ʎ]와 gn[ɲ]의 경우이다.
gli [ʎ]: 우리말의 '을리'에서 'ㄹㄹ' 발음에 해당한다고 할 수 있다. 먼저 녹음 자료를 듣고,
큰소리로 따라 읽으시오.

🎧 [Ascolto 듣기 12]

Consiglio [꼰실리오] 충고, Foglia [폴리아] 잎, Migliore [밀리오레] 더 좋은,
Meglio [멜리오] 더 잘, Battaglia [바딸리아] 전투

gn [ɲ]: gn의 경우는 gna[냐], gno[뇨], gnu[뉴], gni[니], gne[녜]로 발음한다. 먼저 녹음
자료를 듣고, 큰소리로 따라 읽으시오.

🎧 [Ascolto 듣기 13]

Bagno [바뇨] 화장실, Bisogno [비조뇨] 필요, Montagna [몬따냐] 산,
Signorina [시뇨리나] 아가씨, Vitigno [비띠뇨] 포도 품종, Vigneto [비녜또] 포도밭

'H, h'는 소리가 없는 묵음입니다. 먼저 녹음 자료를 듣고, 큰소리로 따라 읽으시오.

🎧 [Ascolto 듣기 14]

Ho [오] 나는 ~을 가지다, Hai [아이] 너는 ~을 가지다,
Ha [아] 그는/그녀는 ~을 가지다, Hanno [안노] 그들은 ~을 가지다.

'I, i'는 우리말의 'ㅣ'와 같은 발음이다. i 위에 액센트가 있는 경우는 ì와 같이 표시한다.
먼저 녹음 자료를 듣고, 큰소리로 따라 읽으시오.

🎧 [Ascolto 듣기 15]

Indirizzo [인디릿쵸] 주소,   Insalata [인살라따] 샐러드, Intenso [인뗀소] 진한,
Invecchiamento [인베끼아멘또] 숙성, Inverno [인베르노] 겨울,

'L, l'은 'ㄹ'과 같은 발음이다. 먼저 녹음 자료를 듣고, 큰소리로 따라 읽으시오.

🎧 [Ascolto 듣기 16]

Latte [랏떼] 우유, Ladro [라드로] 도둑, Lavoro [라보로] 직업,

Limone [리모네] 레몬, Luna [루나] 달, Luogo [루오고] 장소

‘M, m’은 ‘ㅁ’과 같은 발음이다. 먼저 녹음 자료를 듣고, 큰소리로 따라 읽으시오.

🎧 [Ascolto 듣기 17]

Mano [마노] 손, Media [메디아] 평균, Medico [메디꼬] 의사,
Miele [미엘레] 꿀, Moda [모다] 패션, Musica [무지까] 음악

‘N, n’는 ‘ㄴ’과 같은 발음이다. 먼저 녹음 자료를 듣고, 큰소리로 따라 읽으시오.

🎧 [Ascolto 듣기 18]

Naso [나조] 코, Neve [네베] 눈(雪), Nome [노메] 이름,
Nido [니도] 둥지, 유아원, Noto [노또] 알려진, Numero [누메로] 숫자

‘O, o’는 ‘ㅗ’와 같은 발음으로 입모양을 동그랗게 크게 하는 열린 음(개음)과 입모양을 작게 하는 닫힌 음(폐음)이 있다. 먼저 녹음 자료를 듣고, 큰소리로 따라 읽으시오.

🎧 [Ascolto 듣기 19]

개음[ò]: Opera [오뻬라] 오페라, Oggi [옷지] 오늘, Canto [깐또] 노래
폐음[ó]: Ordine [오르디네] 순서, Origine [오리쥐네] 기원, 유래, Sole [솔레] 태양

‘P, p’는 ‘ㅃ’과 같은 발음이다. 먼저 녹음 자료를 듣고, 큰소리로 따라 읽으시오.

🎧 [Ascolto 듣기 20]

Pane [빠네] 빵, Penna [뻰나] 펜, Peso [뻬조] 무게,
Pizza [삐짜] 피자, Potatura [뽀따뚜라] 가지치기, Prezzo [쁘렛쪼] 가격

‘Q, q’는 ‘ㄲ’ 발음에 해당한다. q다음에는 항상 u가 옵니다. 그러므로 발음할 때는 입을 오리 주둥이처럼 앞으로 내밀며 발음한다. 먼저 녹음 자료를 듣고, 큰소리로 따라 읽으시오.

🎧 [Ascolto 듣기 21]

Quaderno [꽈데르노] 노트, Quadro [꽈드로] 그림, 사각형,
Qualità [꽐리따] 품질, Quantità [꽌띠따] 수량, Questione [꿰스띠오네] 문제

‘R, r’ 발음은 혀끝을 굴려서 나오는 발음이다. ‘으르릉’할 때의 ‘ㄹ’처럼 발음하면 된다. 먼저 녹음 자료를 듣고, 큰소리로 따라 읽으시오.

🎧 [Ascolto 듣기 22]

Ragazzo [라갓쪼] 소년, Resistente [레지스뗀떼] 견고한, Rosa [로자] 장미,
Rotondo [로똔도] 둥근, 라운드 한, Ruota [루오따] 바퀴

'S, s'는 '[s]ㅅ' 또는 '[z]ㅈ' 또는 '[ʃe]쉐', '[ʃi]쉬'로 발음한다. '[s]ㅅ'으로 성대가 울리지 않고 발음되는 s를 청음(또는 무성음) 's'라고 하며, '[z]ㅈ'으로 성대가 울리며 발음되는 s를 탁음(또는 유성음) 's'라고 한다.

먼저 '[s]ㅅ'으로 발음되는 청음의 경우를 보겠습니다. 먼저 녹음 자료를 듣고, 큰소리로 따라 읽으시오.

🎧 [Ascolto 듣기 23]

① Sabbia [삽비아] 모래, Sale [살레] 소금, Sapore [사뽀레] 맛, 향(flavour)
② Borsa [보르사] 가방, Falso [팔소] 틀린, Giusto [쥬스또] 옳은
③ Passito [빠싯또] 마른, 건조한, Rosso [롯소] 붉은 색의, Spesso [스뻿소] 종종
④ Scuola [스꾸올라] 학교, Strutturato [스뜨루뚜라또] 구조가 있는

'[s]ㅅ'으로 발음되는 경우는 먼저 ①의 경우와 같이 단어의 처음이 s로 시작하고 바로 그 뒤에 모음(a, e, i, o, u)이 오는 경우이다. 다음은 ②의 경우처럼 단어 중간에 있는 s 앞에 자음이 오는 경우이다. 다음은 ③의 경우와 같이 ss가 연속해서 오는 경우이다. 's'가 '[s]ㅅ'으로 발음되는 마지막 경우는 ④의 경우처럼 's' 다음에 p, c, f, q, t와 같은 무성음(성대가 울리지 않는 음)이 올 경우이다.

다음은 '[z]ㅈ'으로 발음되는 탁음의 경우이다. 먼저 녹음 자료를 듣고, 큰소리로 따라 읽으시오.

🎧 [Ascolto 듣기 24]

① Sbaglio [즈발리오] 실수, Snello [즈넬로] 날씬한
② Crisi [끄리지] 위기, Analisi [아날리지] 분석
③ Battesimo [바떼지모] 세례

'[z]ㅈ'으로 발음되는 탁음의 경우는 ①의 경우처럼 's' 다음에 b, d, g, l, m, n, v와 같은 유성음(성대가 울리는 음)이 오는 경우, ②의 경우처럼 단어가 –esi, –isi로 끝나는 경우, ③의 경우처럼 단어가 –esimo로 끝나는 경우이다.

＊S 발음은 발음할 때 자연스럽게 발음되는 경우로 발음하면 된다. 예를 들어 crisi의 경우, '끄리시' 하는 것보다, '끄리지' 하는 것이 훨씬 자연스러운 것을 느낄 수 있다.

사전에서 탁음 s를 표시하는 방식은 출판사에 따라 s자 위 혹은 아래에 점(·)을 찍거나 밑줄 (–)

을 긋는 방식을 택한다. 또는 s자를 길게 늘여서 표시하는 경우도 있다.

* 's'가 모음과 모음사이에 오는 경우는 두 가지로, 즉, 'ㅅ'또는 'ㅈ'로 발음된다. 주로 이탈리아 북부지역에서는 모음 사이의 's'를 주로 탁음('ㅈ')으로 발음하며, 이탈리아 중·남부 지역에서는 모음 사이의 's'를 주로 청음('ㅅ')으로 발음하는 경향이 있다.

다음은 '[ʃe]쉐', '[ʃi]쉬'로 발음되는 경우로 's' 다음에 ce, 또는 ci가 오는 경우이다.
먼저 녹음 자료를 듣고, 큰소리로 따라 읽으시오.

🎧 [Ascolto 듣기 25]

sce [ʃe]: Scelta [쉘따] 선택, Scena [쉐나] 무대
sci [ʃi]: Scimmia [쉼미아] 원숭이, Sciopero [쇼뻬로] 파업

'T, t'는 'ㄸ'에 해당하는 발음으로 경음화 되어 발음된다. 먼저 녹음 자료를 듣고, 큰소리로 따라 읽으시오.

🎧 [Ascolto 듣기 26]

Tardiva [따르디바] 늦은, Tappo [땁뽀] 마개, Telefono [뗄레포노] 전화,
Terreno [떼레노] 토양, Torta [또르따] 케이크, Terminano [떼르미나노] 끝나다

'U, u'는 우리나라의 'ㅜ' 발음과 같습니다. 먼저 녹음 자료를 듣고, 큰소리로 따라 읽으시오.

🎧 [Ascolto 듣기 27]

Ufficio [우피치오] 사무실, Uomo [우오모] 인간, Uso [우조] 사용,
Urgente [우르젠테] 긴급한, Università [우니베르시따] 대학, Uva [우바] 포도

'V, v' 발음은 영어의 'v'발음과 동일하다. 앞서 설명한 'f' 발음 부분을 잘 살펴보시기 바란다. 한글에는 없는 발음임으로 'f' 발음과 더불어 주의를 기울여야 한다. 먼저 녹음 자료를 듣고, 큰소리로 따라 읽으시오.

🎧 [Ascolto 듣기 28]

Vacanza [바깐짜] 휴가, Varietà [바리에따] 품종, Vendemmia [벤뎀미아] 수확,
Vento [벤또] 바람, Vino [비노] 포도주, Viva [비바] 만세, Vulcano [불까노] 화산

'Z, z'는 청음 '[ts]ㅉ' 또는 탁음 '[dz]ㅈ'으로 발음된다. 'z'의 청음은 실제로 'ㅉ'과 'ㅊ' 발음의 중간이라고 할 수 있다. 이곳에서는 표기상 'ㅉ'으로 했다.

먼저 청음 '[ts]ㅉ'으로 발음되는 경우는 다음과 같다. 먼저 녹음 자료를 듣고, 큰소리로 따라 읽으시오.

🎧 [Ascolto 듣기 29]

① Venezia [베네찌아] 베네치아, Grazia [그라찌아] 감사, Spazio [스파찌오] 공간
② Alzare [알짜레] 일어나다, Calze [깔쩨] 양말, Zucchero [쭈께로] 설탕
③ Stanza [스딴짜] 방, Tolleranza [똘레란짜] 인내심, Correttezza [꼬레뗏짜] 정확함,
　Giustizia [쥬스띠찌아] 정의, Organizzazione [오르가니자찌오네] 조직

위의 경우처럼 'z'가 청음 'ㅉ'으로 발음되는 경우는 ① z 뒤에 -ia, -ie, -io가 오는 경우, ② z 앞에 l이 오거나, z 뒤에 u가 오는 경우, ③ -anza, -enza, -ezza, - izia, - zione 로 끝나는 경우이다.

다음은 탁음 '[dz]ㅈ'으로 발음되는 경우이다. 먼저 녹음 자료를 듣고, 큰소리로 따라 읽으시오.

🎧 [Ascolto 듣기 30]

① Zebra [제브라] 얼룩말, Zona [조나] 구역
② Civilizzare [치빌리자레] 문명화하다, Civilizzazione [치빌리자찌오네] 문명화
③ Bizantino [비잔띠노] 비잔틴, Romanzo [로만조] 소설, Ozono [오조노] 오존

위의 경우처럼 'z'가 탁음 'ㅈ'으로 발음되는 경우는 ① z로 시작하는 단어(예외적인 단어들도 많다. 예: zio [찌오] 삼촌, zappa [짜빠] 삽...) ② 접미사 -izzare, -izzazione로 끝나는 경우 ③ 위의 예에서 보았던 'z' 뒤에 -ia, -ie, -io가 오는 경우를 제외하고 모음과 모음 사이에 'z'가 위치할 경우이다.

강세

이번 기회에 이탈리아어의 강세에 대해서도 알아보자.
(1) 상기한 단어들에서 보았듯이 이탈리아어의 거의 대부분 명사는 끝에서 두 번째 모음에 강세가 있다. 먼저 녹음 자료를 듣고, 큰소리로 따라 읽으시오.

🎧 [Ascolto 듣기 31]

Amore [아모레] 사랑, Spaghetti [스빠겟띠] 스파게티, Vino [비노] 포도주

⑵ 다음은 끝에서 세 번째 모음에 강세가 오는 경우이다. 먼저 녹음 자료를 듣고, 큰소리로 따라 읽으시오.

🎧 [Ascolto 듣기 32]

Domenica [도메니까] 일요일, Numero [누메로] 번호, Telefono [뗄레포노] 전화

⑶ 끝에서 네 번째 음절에 강세가 오는 경우가 있는데, 그 경우는 대부분 동사인 경우이다. 먼저 녹음 자료를 듣고, 큰소리로 따라 읽으시오.

🎧 [Ascolto 듣기 33]

Terminano [떼르미나노] 끝나다, Dimenticano [디멘띠까노] 잊다

⑷ 다음은 단어의 마지막 모음에 강세가 오는 경우 입니다. 이 경우 강세 표시는 단어의 일부분임으로 반드시 표시를 해야 한다. 먼저 녹음 자료를 듣고, 큰소리로 따라 읽으시오.

🎧 [Ascolto 듣기 34]

-à: Città [치따] 도시,
-è: Cioè [쵸에] 즉, 말하자면
-é: Perché [뻬르께] 왜, 왜냐하면
-ì: Mercoledì [메르꼴레디] 수요일
-ò: Perciò [뻬르쵸] 그러므로
-ù: Gioventù [쵸벤뚜] 젊음

함께 연습하기

1. [듣기 1 - 듣기 34]에서 예를 든 단어들에 강세(l'accento)를 주어 큰 소리로 읽으시오.

2. [듣기 1 - 듣기 34]까지 듣고 받아 적으시오.

3. 받아 적은 것을 정답과 비교해 보고 틀린 것이 있으면 수정하시오.

4. 수정한 내용을 보며 발음과 강세에 주의를 기울여 다시 한 번 큰 소리로 따라 읽으시오.

꿩먹고 알먹는
이탈리아어 첫걸음

꿩먹고 알먹는
이탈리아어 첫걸음

제01과~제20과

Essere 동사
(Verbo *Essere*)

Mi chiamo Chulsoo.
제 이름은 철수입니다.

🎧 [Ascolto 듣기 35]

Ciao!
챠오!

Mi chiamo Chulsoo.
미　끼아모　　철수

Sono coreano e vengo da Seoul.
소노　꼬레아노 에　벵고　다　세울

Vivo a Milano da cinque mesi.
비보 아　밀라노　다　칭꿰　메지

Adesso frequento una scuola di lingua italiana in centro.
아뎃소　프레꿴또　우나　스꾸올라 디　링구아　이딸리아나 인　첸뜨로

안녕!
제 이름은 철수입니다.
저는 한국인이고, 서울에서 왔습니다.
5개월 전부터 밀라노에서 살고 있습니다.
지금은 시내에 있는 이탈리아어 학교에 다니고 있습니다.

단어와 숙어 익히기

• adesso	지금.
• anni	나이, 년(年). 단수는 anno이다.
• centro	시내. 중심.
• ciao!	안녕!
• cinque	다섯(5).
• coreana	한국인(여성 단수). 한국의.
• coreane	한국인(여성 복수). 한국의.
• coreani	한국인(남성 복수). 한국의.
• coreano	한국인(남성 단수). 한국의.
• da	~곳으로 부터. 전치사.
• della	di+la=della. 전치사와 관사가 결합된 형태로 '전치사관사' 라고 한다(→ 제 3과 41~42페이지 참고).
• e	그리고. 접속사. 영어의 and와 동일하다.
• frequento	frequentare(다니다) 동사의 1인칭 단수 형태(→ 제 7과 84페이지 참고).
• ho	(나는) ~을/를 가지고 있다. 동사 avere(~을/를 가지다)의 객관적인 사실을 나타내는 직설법 현재 1인칭 단수 형태(→ 제 2과 25페이지 참고).
• in	~안에 있는. 전치사.
• italiana	이탈리아의, 이탈리아인(여성 단수).
• lingua	언어.
• madre	어머니. '엄마' 는 'mamma' 이다.
• mesi	달(月). 단수(남성)는 mese이다.
• mi chiamo ~	내 이름은 ~입니다. 직역하면 '나는 나를 ~라고 부른다' 이다. mi : 내 자신을. 재귀대명사 1인칭 단수 형태(→ 제 11과 130페이지 참고). chiamo : (나는) ~을/를 부른다. 동사 chiamare의 객관적인 사실을 나타내는 직설법 현재 1인칭 단수 형태(→ 제 7과 84페이지 참고).
• padre	아버지. '아빠' 는 'babbo 또는 papà' 이다.

• scuola	학교.
• sono	(나는) ~이다. 동사 essere(~이다)의 객관적인 사실을 나타내는 직설법 현재 1인칭 단수 형태(→ 이번 과 2단계 문법 따라 잡기 참고).
• telefonino	휴대폰(= cellulare).
• una	여성 단수 명사 또는 여성 단수 형용사 앞에 사용하는 부정관사.
• vengo	(나는) 온다. 동사 venire(오다)의 객관적인 사실을 나타내는 직설법 현재 1인칭 단수 형태(→ 제 8과 98페이지 참고).
• vivo	(나는) 산다. 동사 vivere의 객관적인 사실을 나타내는 직설법 현재 1인칭 단수 형태(→ 제 7과 85페이지 참고).

2단계

문법 따라잡기

1. 명사 및 Essere 동사

이탈리아어 명사는 성(性)에 따라 '남성 또는 여성'으로 구분되며, 수(數)에 따라 '단수 또는 복수'로 구분된다.

일반적으로 명사가 -o로 끝나면 남성단수, -a로 끝나면 여성단수이다.

복수 형태는 -o → -i로, -a → -e로 바꾸면 된다.

	단수	복수
남성	coreano 한국인(남)	coreani
여성	coreana 한국인(여)	coreane

명사의 단수형이 -e로 끝나는 경우는 남성일 수도 있고, 여성일 수도 있다.

복수 형태는 -e → -i로 바꾸면 된다.

	단수	복수
남성	padre 아버지	padri
여성	madre 어머니	madri

2. 주격인칭대명사

'나', '너', '우리' 등에 해당하는 대명사이다. 주어에 따라 동사의 형태가 다르기 때문에 일반적으로 말할 때 또는 글을 쓸 때 주어를 생략한다.

	단 수	복 수
1인칭	**io** (나)	**noi** (우리들)
2인칭	**tu** (너)	**voi** (너희들, 당신들)
3인칭	**lui** (그 남자) **lei** (그 여자) **Lei** (당신)	**loro** (그 남자들) **loro** (그 여자들)

* '당신'을 의미하는 Lei는 문장 중간에 사용되더라도 L자를 항상 대문자로 표기한다.

3. Essere(~이다) 동사

다음은 영어의 be 동사에 해당하는 essere동사이다.

보다시피 이탈리아어는 동사가 주어의 인칭에 따라 모두 다른 형태를 갖는다. 그러므로 일반적으로 말할 때나 글을 쓸 때 주어를 생략한다. 동사의 형태만 보면 주어를 알 수 있기 때문이다. 이탈리아어를 학습하기 위해서는 동사 변화를 잘 암기하여 활용하는 것이 필요하다.

Essere 동사는 일반적으로 **'상태'** 를 나타낸다.

(Io)	**Sono**	coreano. 나는 한국인(남성)이다. coreana. 나는 한국인(여성)이다.
(Tu)	**Sei**	coreano. 너는 한국인(남성)이다. coreana. 너는 한국인(여성)이다.
(Lui)	**È**	coreano. 그 남자는 한국인이다.
(Lei)		coreana. 그 여자는 한국인이다.
(Lei)		coreano. 당신은 한국인(남성)이다. coreana. 당신은 한국인(여성)이다.
(Noi)	**Siamo**	coreani. 우리는 한국인(남성들)이다. coreane. 우리는 한국인(여성들)이다.
(Voi)	**Siete**	coreani. 너희들(당신들)은 한국인(남자들)이다. coreane. 너희들(당신들)은 한국인(여자들)이다.

(Loro)	**Sono**	coreani. 그들은 한국인(남자들)이다. coreane. 그들은 한국인(여자들)이다.

* 위의 도표에서 보듯이 '당신'을 의미하는 'Lei'의 의미는 2인칭 단수이지만 동사
는 반드시 '3인칭 단수' 형태를 사용한다.

3 단계

표현 따라하기 　[Ascolto 듣기 36]

1. 이름을 말할 때.

Mi chiamo Hong, Kildong.
미　끼아모　홍　길　동

Il mio nome è Hong, Kildong.
일 미오　노메 에 홍　길　동

2. 처음 만났을 때.

Piacere! 만나서 반갑습니다.
삐아체레

Molto piacere! 만나서 매우 반갑습니다.
몰또　삐아체레

Molto lieto! (남자) 만나서 매우 기쁩니다.
몰또　리에또

Molto lieta! (여자) 만나서 매우 기쁩니다.
몰또　리에따

4 단계

상황 익히기 　[Ascolto 듣기 37]

상황 1. [비격식적 표현]

Uomo : Ciao, come ti chiami?
챠오　꼬메 띠 끼아미

Donna : Mi chiamo Anna.
　　　　미　　끼아모　　안나

Uomo : Molto piacere!
　　　　몰또　　삐아체레

Donna : Anch'io sono molto lieta.
　　　　앙끼오　　소노　　몰또　리에따

남자 : 안녕, 이름이 뭐니?
여자 : 내 이름은 안나야.
남자 : 만나서 매우 반가워.
여자 : 만나서 나도 매우 기뻐.

상황 2. [격식적 표현]

남자 : Buon giorno! Scusi, come si chiama Lei?
　　　　부온　　죠르노　스꾸지　꼬메　시　끼아마　레이

여자 : Mi chiamo Maria.
　　　　미　　끼아모　　마리아.

남자 : Molto lieto!
　　　　몰또　리에또

여자 : Anch'io sono molto lieta di conoscerLa.
　　　　앙끼오　소노　　몰또　리에따 디　꼬노쉐를라

남자 : 안녕하세요. 실례지만 성함이 어떻게 되시나요?
여자 : 제 이름은 마리아입니다.
남자 : 만나서 매우 기쁩니다.
여자 : 당신을 만나게 되어 저도 매우 기쁩니다.

5단계

함께 연습하기 　정답 : 232p

1. 다음 괄호 안에 알맞은 essere 혹은 avere 동사의 형태를 넣으시오.

(1) Io (　　) coreano(a).

(2) Noi (　　) coreani(e).

(3) Io (　　) un telefonino.

(4) Tu (　) una penna.

(5) Loro (　) un libro.

2. 다음을 우리말로 해석하시오.

(1) Mi chiamo Chulsoo.

(2) Vivo a Seoul.

(3) Vivo in Corea.

(4) Anna è italiana.

(5) Mario è italiano.

3. 다음을 이탈리아어로 작문하시오.

(1) 저는 한국인입니다.

(2) 영희는 한국인입니다.

(3) 철수와 영희는 한국인입니다.

(4) 영희와 수빈(女)이는 한국인입니다.

(5) Mario와 Anna는 이탈리아인이다.

4. 이번 과 첫 부분의 대화를 듣고 다음 괄호 안을 채우시오.

Ciao! Mi (1.　　　) Chulsoo.

(2.　　) coreano e vengo da Seoul. (3.　　) a Milano da (4.　　) mesi.

Adesso (5.　　　) una scuola di lingua italiana in centro.

5. 책을 덮은 상태에서 이번 과에 녹음된 자료를 듣고 큰 소리로 따라하시오.

Avere 동사
(Verbo *Avere*)

Come stai?
어떻게 지내니?

🎧 [Ascolto 듣기 38]

Mario : Ciao, Laura, come stai?
챠오 라우라 꼬메 스따이

Laura : Sto male.
스또 말레

Mario : Sei un po' pallida.
세이 운 뽀 빨리다

Hai qualche problema?
아이 꽐께 쁘로블레마

Laura : **Ho** mal di denti e anche mal di testa.
오 말 디 덴띠 에 앙께 말 디 떼스따

마리오 : 안녕, 라우라, 잘 지내니?
라우라 : 잘 못 지내.
마리오 : 좀 창백하구나.
　　　　무슨 문제가 있니?
라우라 : 이가 아프고 머리도 아파.

단어와 숙어 익히기

• anch'io	나도 역시. anche io의 축약 형태. anche : 역시, 또한. io : 나. 주격인칭대명사 1인칭 단수 형태.
• buon, buona	좋은. buon은 남성 단수 명사 또는 남성 단수 형용사 앞에 사용하고, buona는 여성 단수 명사 또는 여성 단수 형용사 앞에 사용한다.
• Ciao!	안녕!
• come stai?	너는 잘 지내니? 직역하면 '너는 어떻게 지내니?' 라는 의미이다. come : 어떻게. stai : (너는) 지내다. 동사 stare의 객관적인 사실을 나타내는 직설법 현재 2인칭 단수 형태(→ 제 8과 97페이지 참고).
• come va?	일은 잘 되어 가니? 직역하면 '일은 어떻게 되어가니?' 이다. come : 어떻게. va : 가다. 동사 andare의 객관적인 사실을 나타내는 직설법 현재 3인칭 단수 형태(→ 제 8과 94페이지 참고).
• dente	이, 치아.
• fine settimana	주말.
• giorno	날(日).
• il lavoro	일, 직업, 직장.
• lo studio	공부.
• notte	밤(夜).
• pallido(a)	창백한.
• pomeriggio	오후. 아침 또는 오전은 mattina.
• sera	저녁.
• sto bene	(나는) 잘 지낸다. sto : (나는) 지내다. 동사 stare의 객관적인 사실을 나타내는 직설법 현재 1인칭 단수 형태. bene : 잘. male : 나쁘게.
• Suo marito	당신의 남편. Suo : 당신의. 뒤에 위치한 명사 marito를 수식하는 소유형용사 3인칭 단수이다. '당신의'를 의미하

는 경우는 Suo의 S를 대문자로 표기한다. 명사 marito가
남성 단수이므로 명사와 형용사의 성수일치에 의해 Suo이
다(→ 제 6과 73페이지 참고). marito : 남편.

- tu   너. 주격인칭대명사 2인칭 단수 형태(→ 제 10과 117페이
지 참고).

- tuo fratello   네 형(남동생) 또는 네 오빠. tuo : 너의. 뒤에 위치한 명사
fratello를 수식하는 소유형용사 2인칭 단수 형태. 명사인
fratello가 남성 단수이므로 명사와 형용사의 성수일치에
의해 tuo이다(→ 제 6과 73페이지 참고).

2 단계

문법 따라잡기

Avere 동사

Avere동사는 '~ 가지다'라는 의미를 지니고 있으며, 일반적으로 '소유'를 나타내
는 동사로, 영어의 have 동사에 해당한다고 할 수 있다.

(Io)	**ho**	un telefonino. 나는 휴대폰을 가지고 있다.
(Tu)	**hai**	un telefonino. 너는 휴대폰을 가지고 있다.
(Lui)		un telefonino. 그 남자는 휴대폰을 가지고 있다.
(Lei)	**ha**	un telefonino. 그 여자는 휴대폰을 가지고 있다.
(Lei)		un telefonino. 당신은 휴대폰을 가지고 있다.
(Noi)	**abbiamo**	un telefonino. 우리들은 휴대폰을 가지고 있다.
(Voi)	**avete**	un telefonino. 너희들(당신들)은 휴대폰을 가지고 있다.
(Loro)	**hanno**	un telefonino. 그들은 휴대폰을 가지고 있다.

예문

Ho 22 anni.	나는 22살이다. (22 = ventidue)
Ho fame!	나는 배가 고프다.
Ho sete!	나는 목이 마르다.
Ho sonno!	나는 잠이 온다!

Ho ragione!	내가 옳다.
Ho torto!	내가 틀렸다.
Ho da fare!	나는 할 일이 있다.
Ho mal di denti!	나는 이가 아프다.
Ho mal di stomaco!	나는 배가 아프다.
Ho una macchina nuova.	나는 새 차를 가지고 있다.

3단계

표 현 따 라 하 기 · [Ascolto 듣기 39]

인사표현

Ciao! 안녕!
차오

* 잘 아는 사람 사이에 시간에 관계없이 사용한다.

Buon giorno! (= Buon dì! 아침인사) 안녕하세요.
부온   죠르노   부온 디

* 오전부터 오후 3~4시까지 사용한다.

Buon pomeriggio! (점심인사) 안녕하세요.
부온   뽀메릿죠

* 일반인들은 잘 사용하지 않고, 라디오나 TV에서 주로 사용한다.

Buona sera! (저녁인사) 안녕하세요.
부오나   세라

* 오후 4시 혹은 5시경부터 저녁 늦게까지 사용한다.

Buona notte! (저녁인사) 안녕히 주무세요.
부오나   놋떼

* 잠자기 전에 사용한다.

Buon fine settimana! (주말인사) 주말 잘 보내세요!
부온   피네   셋띠마나

Benvenuto! (남자 한 명에게) 어서 오십시오! 잘 오셨습니다!
벤베누또

Benvenuta! (여자 한 명에게) 어서 오십시오! 잘 오셨습니다!
벤베누따

Benvenuti! (남자 여러 명 또는 여러 명의 남녀에게) 어서 오십시오! 잘 오셨습니다!
벤베누띠

Benvenute! (여자 여러 명에게) 어서 오십시오! 잘 오셨습니다!
벤베누떼

Arrivederci! 또 만나자! 잘가!
아리베데르치

＊잘 아는 사이에 격식 없이 사용한다.

ArrivederLa! 또 뵙겠습니다! 안녕히 가십시오!
아리베데를라

＊격식을 갖추어 말할 때 사용한다.

안부표현

Come stai? 꼬메 스따이	잘 지내니?
Come sta? 꼬메 스따	잘 지내십니까?[격식적 표현]
Come va il lavoro? 꼬메 바 일 라보로	일은 어떠세요?
Sto bene. 스또 베네	잘 지냅니다.
Sto male. 스또 말레	좋지 않습니다.
Va bene. 바 베네	잘 되갑니다.
Va male. 바 말레	좋지 않습니다.
Così così. 꼬지 꼬지	그저 그렇습니다.

나이 묻기

〈비격식적 표현 형태-tu〉

Uomo : Quanti anni hai?
꽌띠 안니 아이

Donna : Ventitré(23).
　　　　벤띠뜨레

남자 : 몇 살이니?
여자 : 23살이야.

〈격식적 표현 형태-Lei〉

남자 : Signora, quanti anni ha?
　　　시뇨라　　꽌띠　안니　아

여자 : Quarantacinque(45).
　　　　꽈란따칭꿰

남자 : 부인, 나이가 얼마세요?
여자 : 45살입니다.

4 단계

상황 익히기　　　 🎧 [Ascolto 듣기 40]

상황 1. 〈비격식적 표현 형태-tu〉

Uomo : Ciao, Clara, come stai?
　　　챠오　끌라라　꼬메　스따이

Donna : Sto bene, grazie. E tu?
　　　스또　베네　그라찌에　에　뚜

Uomo : Così così. E tuo fratello?
　　　꼬지　꼬지　에　뚜오　프라뗄로

Donna : Sta bene, grazie.
　　　스따　베네　그라찌에

남자 : 안녕, 끌라라, 잘 지내니?
여자 : 잘 지내, 고마워. 너는?
남자 : 그저 그래. 네 남동생은?
여자 : 잘 지내, 고마워.

상황 2. 〈격식적 표현 형태-Lei〉

Uomo : Buon giorno, signora Marisa, come sta?
　　　부온　죠르노　시뇨라　마리자　꼬메　스따

Donna : Sto bene, grazie. E Lei?
쓰또 베네 그라찌에 에 레이

Uomo : Non c'è male. E Suo marito, come sta?
논 체 말레 에 수오 마리또 꼬메 스따

Donna : Sta bene, grazie.
스따 베네 그라찌에

남자 : 안녕하세요, 마리자 부인, 어떻게 지내세요?
여자 : 잘 지냅니다. 감사합니다. 당신은요?
남자 : 잘 지냅니다. 당신 남편은 어떠세요?
여자 : 잘 지냅니다. 감사합니다.

5 단계

함께 연습하기 정답 : 232p

1. 다음 괄호 안에 알맞은 단어의 형태를 넣으시오.

(1) Ciao, Mario, come (stare :   )?

(2) (Io) (stare :   ) bene.

(3) Signor Kim, come (   )?

(4) (Io) (   ) bene.

(5) Come (   ) il tuo studio?

2. 다음을 우리말로 해석하시오.

(1) Come stai?

(2) Sto bene, grazie.

(3) Come va lo studio?

(4) Va bene.

(5) Così così.

3. 다음을 이탈리아어로 작문하시오.

(1) 안녕, Anna, 잘 지내니?

(2) 잘 지내. 고마워.

(3) 안녕하세요(아침인사), 김 교수님, 잘 지내시는지요?

(4) 잘 지냅니다. 감사합니다.

(5) 우리는 휴대폰을 가지고 있습니다.

4. 이번 과 첫 부분의 대화를 듣고 다음 괄호 안을 채우시오.

Mario : Ciao, Laura, come (1.   )?

Laura : (2.   ) male.

Mario : Sei un po' (3.   ).

       (4.   ) qualche problema?

Laura : (5.   ) mal di denti e anche mal di testa.

5. 책을 덮은 상태에서 이번 과에 녹음된 자료를 듣고 큰 소리로 따라하시오.

명사(Sostantivi o Nomi)
관사(Articoli)

Che cosa è questo?
이것은 무엇입니까?

🎧 [Ascolto 듣기 41]

Mario : Che cosa è questo?
　　　　께　꼬자　에　꿰스또

Laura : È **un quaderno**.
　　　　에　운　　꽈데르노

Mario : Che cosa è questa?
　　　　께　꼬자　에　꿰스따

Laura : È **una matita**.
　　　　에　우나　　마띠따

마리오 : 이것은 무엇입니까?
라우라 : 공책입니다.
마리오 : 이것은 무엇입니까?
라우라 : 연필입니다.

단어와 숙어 익히기

• amico	남자 친구
• amore	사랑
• bambino	남자 어린아이. bambina : 여자 어린아이.
• bicchiere	컵, 잔.
• che cosa	무엇.
• dammi	(너는) 나에게 달라!
• è	~이다. 동사 essere의 객관적 사실을 나타내는 직설법 현재 3인칭 단수 형태(→ 제 1과 19페이지 참고).
• fiore	꽃. 꽃은 '남성' 이다.
• foto	사진. 원래의 단어는 fotografia(여성 단수).
• fratello	형제. sorella : 자매.
• giornale	신문.
• lezione	수업. '-ione' 로 끝나는 단어는 '여성 단수' 이다.
• libro	책. quaderno : 공책, 노트.
• mano	손(手). -o로 끝나는 단어이지만 '여성' 이다(→ 이번 과 2단계 문법 따라잡기 참고).
• matita	연필.
• moto	오토바이. 원래의 단어는 motocicletta(여성 단수).
• padre	아버지. madre : 어머니.
• problema	문제. -a로 끝나는 단어이지만 '남성' 이다(→ 이번 과 2단계 문법 따라잡기 참고).
• panorama	경치. -a로 끝나는 단어이지만 '남성' 이다(→ 이번 과 2단계 문법 따라잡기 참고).
• questa	이것. 여성 단수 명사를 대신하는 지시대명사(→ 제 6과 75~76페이지 참고).
• questo	이것. 남성 단수 명사를 대신하는 지시대명사(→ 제 6과 75~76페이지 참고).
• radio	라디오. 원래의 단어는 radiotrasmettitrice(여성 단수).
• ragazzo	소년. ragazza : 소녀.

- schizzo   스케치.
- sistema   조직. –a로 끝나는 단어이지만 '남성'이다(→ 이번 과 2단계 문법 따라잡기 참고).
- stazione   역(驛). '-ione'로 끝나는 단어는 '여성 단수'이다.
- vino   포도주.

2단계

문법 따라잡기

1. 명사(Sostantivi o Nomi).

위의 대화문에서 quaderno(공책), matita(연필)이 명사이다. '명사'란 세상에 존재하는, 또는 상상 속에 존재하는 모든 대상 및 생각의 개념을 한 단어로 표현하는 품사이다.

'이탈리아어의 명사'는 성(性)과 수(數)로 나눠지는데 성(性)에는 남성과 여성, 수(數)에는 '단수'와 '복수'가 있다. 이탈리아어 단수 명사는 대부분 모음으로 끝난다. 명사에 따라 마지막 모음에 악센트가 붙어서 –à, –è, –ì, –ò, –ù의 형태를 취하는 단어들이 있다. 이 경우에는 반드시 악센트를 표기해야 한다.

(1) 단수형태

–o

명사의 마지막 모음이 –o로 끝나는 경우는 거의 대부분 남성 단수이다. 이러한 경향은 이탈리아 남자들의 이름에서도 알 수 있다. 예를 들자면, Mario, Roberto, Carlo 등이 남자 이름이다.

예문

bambino 남자 어린아이, fratello 형제, ragazzo 소년
* 예외 : mano(손), foto(사진), moto(오토바이), radio(라디오) 등 → 여성 단수

–a

명사의 마지막 모음이 –a로 끝나는 경우는 거의 대부분 여성 단수이다. 이탈리아

여자들의 이름인 Maria, Roberta, Laura 등에서도 알 수 있다.

예문

bambin**a** 여자 어린아이, sorell**a** 자매, ragazz**a** 소녀
* 예외 : problema(문제), sistema(조직), panorama(경치), clima(기후) 등 **-ma**로
  끝나는 명사 → 남성 단수

-e

명사의 마지막 모음이 **-e**로 끝나는 경우는 남성 단수일 수 도 있고, 여성 단수일
수 도 있다. 이 경우에 사람이나 동물일 경우는 자연적인 성으로 구별할 수 있으나,
무생물인 경우는 외우는 방법 밖에 없다.

남성 단수인 경우 : padr**e** 아버지, fior**e** 꽃, giornal**e** 신문
여성 단수인 경우 : madr**e** 어머니, lezion**e** 수업, stazion**e** 역(驛)
* -ione로 끝나는 단어는 여성 단수이다.

-i

명사의 마지막 모음이 **-i**로 끝나는 경우는 그리 많지 않는다. 이 경우는 -e로 끝
나는 경우와 마찬가지로 남성 단수일 수 도 있고, 여성 단수일 수 도 있다. 이와 경우
성을 구별하기 위해서는 외우는 방법 밖에 없다.

남성 단수인 경우 : brindis**i** 건배
여성 단수인 경우 : analis**i** 분석, diagnos**i** 진단

(2) 복수형태

-o → -i

마지막 모음이 -o로 끝나는 남성 단수 명사의 복수 형태는 **-o**를 **-i**로 고쳐주면
된다.

예문

bambin**o** → bambin**i**   남자 어린아이들
fratell**o** → fratell**i**   형제들
ragazz**o** → ragazz**i**   소년

-a → -e

마지막 모음이 −a로 끝나는 여성 단수 명사의 복수 형태는 **−a를 −e로** 고쳐주면
된다.

예문

bambin**a** → bambin**e**　　　　여자 어린아이들
sorell**a** → sorell**e**　　　　자매들
ragazz**a** → ragazz**e**　　　　소녀들

-e → -i

마지막 모음이 **−e**로 끝나는 명사의 경우는 남성 단수 및 여성 단수 모두 **−e**를 **−i**
로 고쳐주면 된다.

남성 단수인 경우 : padr**e** → padr**i**　　　　아버지들
　　　　　　　　　 fior**e** → fior**i**　　　　　　꽃들
　　　　　　　　　 giornal**e** → giornal**i**　　신문들
여성 단수인 경우 : madr**e** → madr**i**　　　　어머니들
　　　　　　　　　 lezion**e** → lezion**i**　　　수업들
　　　　　　　　　 stazion**e** → stazion**i**　　역(驛)들

(3) 단수 및 복수형태가 동일한 경우

다음의 경우는 명사의 단수와 복수의 형태가 동일하다. 이와 같은 경우에는 '관사'
로 단수와 복수를 구별한다(예 : **la** città 도시 → **le** città 도시들).

① −à, −è, −i(−ì), −ò, −ù로 끝나는 명사

예문

la citt**à** → **le** citt**à**　　　　도시
il caff**è** → **i** caff**è**　　　　커피, 카페
il luned**ì** → **i** luned**ì**　월요일
il fal**ò** → **i** fal**ò**　　　　들불
la virt**ù** → **le** virt**ù**　　　덕행
　＊ 명사의 마지막 모음이 **-ù**로 끝나는 경우는 대부분 여성 단수이다.

② 단어에 모음(a, e, i, o, u)이 단 한 개인 경우. 이 경우에도 단수와 복수의 구별은 '관사' 로 한다.

> **il** re → **i** re 왕들, **la** gru → **le** gru 학(鶴)들

③ 단어의 끝이 자음으로 끝나는 경우. 이와 같은 단어는 거의 대부분 외래어의 경우로, 남성 단수 취급을 한다. 단수와 복수의 구별은 '관사' 로 한다.

> **il** bar 바 → **i** bar, **il** gas 가스 → **i** gas, **lo** sport 스포츠 → **gli** sport

(4) 특수한 형태

① 다음은 불규칙한 복수형을 취하는 명사들이다. 경우에 따라 관사도 변하는 것에 주의를 기울여야 한다.

> **il** dio → **gli dèi** 신(神)들, **l'**uomo → **gli uomini** 인간들,
> **il** braccio → **le** braccia 인간의 두 팔

② -ista로 끝나는 명사의 경우는 관사로서 성수를 구별한다.

> **il** pianista → **i** pianisti 　남성 피아니스트
> **la** pianista → **le** pianiste 　여성 피아니스트

③ -tore로 끝나는 명사는 남성 단수, -trice로 끝나는 단어는 여성 단수 취급을 한다.

> **l'**attore → gli **attori** 　남자 배우
> **l'**attrice → le **attrici** 　여자 배우

2. 관사(Articoli)

'관사' 란 명사 또는 형용사 앞에 위치하여 뒤에 오는 명사를 한정하거나 구별하게

하는 품사로, 특히 뒤에 오는 명사의 성(性)과 수(數)를 정확히 지시한다.

'관사'는 '3가지', 즉, 정해지지 않은 명사 앞에 위치하는 '부정관사', 정해진 명사 앞에 위치하는 '정관사', 일부분을 나타내는 '부분관사'가 있다. 또한 전치사와 정관사가 합해진 형태인 '전치사관사' 형태가 있다. '전치사관사'는 일반적으로 '전치사'에 포함되나 미리 알아야 하기 때문에 이 과에서 '전치사관사'를 소개한다.

1. 부정관사(Articoli indeterminativi)

부정관사는 일반적으로 '정해지지 않은' 막연한 사물을 지시할 때 사용한다. 부정관사의 종류에는 남성 단수에 사용되는 un 과 uno, 그리고 여성 단수에 사용되는 una(un')가 있다.

un

uno를 사용하는 경우를 제외하고 '모음' 또는 '자음'으로 시작되는 '남성 단수' 명사 및 형용사 앞에 사용한다.

un amico 남자 친구, **un** amore 사랑, **un** libro 책, **un** vino 포도주.

uno

'남성 단수' 명사 또는 형용사로서 s+자음, z, gn, pn, ps, x로 시작되는 단어 앞에 사용한다.

uno spazio 공간, **uno** zaino 배낭, **uno** gnomo 난장이,
uno xilofono 실로폰.

una(un')

여성 단수 명사 또는 형용사 앞에 사용한다. 여성 단수 명사 또는 형용사가 모음으로 시작할 경우에는 una의 마지막 모음 a를 생략해서 축약형(**un'**)을 사용한다.

una matita 연필, **una** tavola 테이블, **un'**amica 여자 친구, **un'**uva 포도.
부정관사는 막연한 사물을 지시하는 경우 이외에도 다음과 같은 경우에 사용된다.

1) 처음 소개되는 사람 또는 사물에 사용한다.

예문

C'era una volta, **un** pescatore.... 옛날 옛날에 한 어부가 있었는데…
 * c'era : ~이 있었다.

2) 부정관사+인명 : '~의 작품' 또는 '~같은 사람'을 의미할 때 사용한다.

예문

Guardo **un** Michelangelo. 나는 미켈란젤로의 작품을 본다.
 * guardo : (나는) ~을/를 바라본다. 동사 guardare의 객관적인 사실을 나타내는 직설법 현재 1인칭 단수 형태.
Sei **un** Pavarotti. 너는 파바롯티처럼 노래를 잘한다.

3) 부정관사+회사명 : '~의 제품'을 의미할 때 사용한다.

예문

Compro **una** BMW. 나는 BMW 자동차를 구입한다.
 * compro : (나는) ~을/를 구입한다. 동사 comprare의 객관적인 사실을 나타내는 직설법 현재 1인칭 단수 형태.

2. 정관사(Articoli determinativi)

정관사는 이미 정해진 사물 앞에 사용한다. 형태에는 남성 단수 형태인 il과 lo(l'), 남성 복수 형태인 i와 gli, 여성 단수 형태인 la(l') 그리고 여성 복수 형태인 le가 있다.

(1) 남성 단수 형태

il

'자음'으로 시작되는 남성 단수 명사 및 형용사 앞에 사용한다.

예문

il libro 그 책, **il** ragazzo 그 소년, **il** bambino 그 남자 아이,
il bicchiere 그 컵

lo(l')

모음으로 시작되는 남성 단수 명사 또는 형용사와 s+자음, z, gn, pn, ps, x로 시작되는 남성 단수 명사 또는 형용사 앞에 사용한다. 모음으로 시작되는 남성 단수 명사 또는 형용사 앞에서는 축약형(l')을 사용한다.

l'amico 그 친구, **lo** spettacolo 그 공연, **lo schizzo** 그 스케치,
lo studente 그 학생

(2) 남성 복수 형태

정관사 il은 i로, lo는 gli로 고친다.

il → i

il libro → **i** libri 그 책들, **il** ragazzo → **i** ragazzi 그 소년들,
il bambino → **i** bambini 그 남자 아이들, **il** bicchiere → **i** bicchieri 그 컵들

lo → gli

l'amico → **gli** amici 그 친구들, **lo spettacolo** → **gli** spettacoli 그 공연들,
lo schizzo → **gli** schizzi 그 스케치, **lo** studente → **gli** studenti 그 학생들

(3) 여성 단수 형태

la(l')

여성 단수 명사 또는 형용사 앞에 사용한다. 모음으로 시작되는 여성 단수 명사 또는 형용사 앞에서는 축약형(l')을 사용한다.

la casa 그 집, **la** matita 그 연필, **l'**edicola 그 신문 판매대

(4) 여성 복수 형태

la를 le로 고친다.

la(l') → le

la casa → **le** case 그 집들, **la** matita → **le** matite 그 연필들,
l'edicola → **le** edicole (l'edicole도 가능) 신문 판매대들

정관사는 정해진 사물 앞에 사용되는 경우 이외에도 다음과 같은 경우에 사용된다.

1) 말하는 사람과 듣는 사람 모두 확실히 알고 있는 것을 지시할 때 사용한다.

Il libro è rosso.　　　　그 책은 빨갛다.

2) 앞서 말한 것을 지시할 때 사용한다.

Ecco una penna. **La** penna è sul tavolo.
여기 펜이 있다. 그 펜은 책상 위에 있다.

3) 단 하나 밖에 없는 사물을 지시하는 명사 앞에 사용한다.

il sole 태양, **la** terra 지구, **la** luna 달.

4) 대륙, 국가, 강, 산 등의 고유명사 앞에 사용한다.

l'Asia 아시아, **l'**Europa 유럽, **la** Corea 한국, **l'**Italia 이탈리아, **Il** Po 포강

5) 종(種) 전체를 나타낼 때 사용한다.

L'uomo è mortale.　　　인간은 죽는다.

6) 신체의 일부를 지시할 때 사용한다.

Tosca ha **l'**occhio nero.　토스카의 눈은 검다.(토스카는 검은 눈을 가지고 있다).

3. 부분관사(Articoli partitivi)

부분관사에는 단수 형태(del, dello, della)와 복수 형태(dei, degli, delle)가 있다.

1) 부분관사 '단수 형태'는 일반적으로 숫자로 나타낼 수 없는 '셀 수 **없는** 명사'(예 : acqua 물, pane 빵, zucchero 설탕, sale 소금 등) 앞에 사용해서 '약간의(＝un po' di)의 의미로 사용된다.

> Dammi **dell**'acqua. 나에게 물 좀 줘(＝Dammi **un po' d**'acqua).
>
> Dammi **dello** zucchero.
>
> 나에게 설탕 좀 줘(＝Dammi **un po' di** zucchero).
>
> ＊Dammi는 '나에게 ~을 달라'라는 명령법 형태이다(→ 제 19과 명령법 참고.)

2) 부분관사 '복수 형태'는 일반적으로 '셀 수 있는 명사' 앞(예 : libro 책, amico 친구 등)에 사용해서 '몇 개의, 몇 명의(＝alcuni, alcune, qualche)의 의미를 지니며, 부정관사의 복수형으로 사용된다.

> Compro **dei** libri.   나는 몇 권의 책을 구입한다.
>
> Invito **degli** amici.   나는 몇 명의 친구를 초대한다.

4. 전치사관사(Preposizioni articolate)

문장에서 '전치사'(a, di, da, in, con, su, per, fra(또는 tra)) 뒤에 오는 명사가 정관사를 동반하는 경우에는 조금 전에 설명한 '정관사'와 결합해 '**전치사관사**'라는 형태를 갖는다. **중요한 점**은 전치사 하나가 한 가지의 의미만을 갖는 것이 아니라 **여러 개의 의미를 가지고 있으므로**, 문장을 전체적으로 파악해서 사용된 전치사가 어떤 의미를 지니는지 잘 관찰해야 한다는 점이다.

	il	**lo(l')**	**la(l')**	**i**	**gli**	**le**
a	al	allo(all')	alla(all')	ai	agli	alle
di	del	dello(dell')	della(dell')	dei	degli	delle
da	dal	dallo(dall')	dalla(dall')	dai	dagli	dalle
in	nel	nello(nell')	nella(nell')	nei	negli	nelle

su	sul	sullo(sull')	sulla(sull')	sui	sugli	sulle
con	con il	con lo	con la	con i	con gli	con le
per	per il	per lo	per la	per i	per gli	per le
fra(tra)	fra il	fra lo	fra la	fra i	fra gli	fra le

* 과거에는 fra(tra)를 제외한 모든 전치사가 정관사와 합해진 형태로 사용되었다. 전치
사 con과 per의 경우도 원래는 정관사와 합해진 col, collo, coi, pel, pello, pella
등의 형태로 사용되었으나, 현대 이탈리아어에서는 fra(tra)의 경우와 같이 con il,
con lo, con i, per il, per lo, per la 등과 같이 분리된 형태로 사용한다.

3단계

표현 따라하기   [Ascolto 듣기 42]

감사 및 실례 표현

Uomo : Grazie!
그라찌에

Donna : Prego!
쁘레고

남자 : 감사합니다.
여자 : 천만에요.

Uomo : Ti ringrazio molto! [비격식적 표현]
띠 링그라찌오   몰또

Donna : Di niente!
디 니엔떼

남자 : 대단히 고마워!
여자 : 천만에!

Uomo : La ringrazio molto! [격식적 표현]
라 링그라찌오   몰또

Donna : Si figuri!
시 피구리

남자 : 대단히 감사합니다!

여자 별 말씀을요!

Uomo : Scusami! [비격식적 표현]
　　　스꾸자미

남자 : 실례해!

Donna : Mi Scusi! [격식적 표현]
　　　미　스꾸지

여자 : 실례합니다!

4 단계

상황 익히기　　　🎧 [Ascolto 듣기 43]

상황 1

Uomo : Che cosa è questo?
　　　께　꼬자 에 꿰스또

Donna : È un fiore.
　　　에 운 피오레

Uomo : Che cosa è questa?
　　　께　꼬자 에 꿰스따

Donna : È una borsetta.
　　　에 우나　보르셋따

남자 : 이것은 무엇입니까?
여자 : 꽃입니다.
남자 : 이것은 무엇입니까?
여자 : 핸드백입니다.

상황 2

Uomo : Questa è una penna?
　　　꿰스따 에 우나　뻰나

Donna : No, non è una penna. È una matita.
　　　노　논 에 우나 뻰나　에 우나 마띠따

Uomo : Questo è un cavallo?
꿰스도 에 운 까발로

Donna : Sì, è un cavallo.
시 에 운 까발로

남자 : 이것은 펜입니까?
여자 : 아니요, 펜이 아닙니다. 연필입니다.
남자 : 이것은 말(馬)입니까?
여자 : 예, 말(馬)입니다.

5단계

함께 연습하기 정답 : 232p

1. 다음 괄호 안에 알맞은 부정관사를 넣으시오.

   (1) (   ) libro

   (2) (   ) amico

   (3) (   ) penna

   (4) (   ) amica

   (5) (   ) zaino

2. 다음 괄호 안에 알맞은 정관사를 넣고, 복수 형태로 고치시오.

   (1) (   ) maestro →

   (2) (   ) maestra →

   (3) (   ) amico →

   (4) (   ) amica →

   (5) (   ) mano →

3. 다음을 이탈리아어로 작문하시오. 관사는 정관사를 사용하시오.

   (1) 공책

   (2) 연필

   (3) 여자 친구

   (4) 파노라마

   (5) 사진

4. 이번 과 첫 부분의 대화를 듣고 다음 괄호 안을 채우시오.

Mario : Che cosa è (1.   )?

Laura : È un (2.   ).

Mario : Che cosa (3.   ) questa?

Laura : È (4.   ) (5.   ).

5. 책을 덮은 상태에서 이번 과에 녹음된 자료를 듣고 큰 소리로 따라하시오.

4 품질형용사 (Aggettivi qualitativi)

Di che colore è questo?
이것은 무슨 색깔입니까?

🎧 [Ascolto 듣기 44]

Mario : Di che colore è la neve?
　　　 디 께 꼴로레 에라 네베

Laura : La neve è **bianca**.
　　　 라 네베 에 비앙까

Mario : Di che colore sono le foglie?
　　　 디 께 꼴로레 소노 레 폴리에

Laura : Le foglie sono **verdi**.
　　　 레 폴리에 소노 베르디

마리오 : 눈(雪)은 무슨 색깔입니까?
라우라 : 눈(雪)은 흰색입니다.
마리오 : 나뭇잎은 무슨 색깔입니까?
라우라 : 나뭇잎은 초록색입니다.

단어와 숙어 익히기

• acqua	물(水).
• allegro(-a, -i, -e)	즐거운.
• amico	남자 친구. 복수 형태는 amici.
	amica : 여자 친구. 복수 형태는 amiche.
• appetito	식욕.
• bianco	흰, 하얀 색의. 복수 형태는 bianchi. 여성 단수 명사를 수식할 때는 bianca, 여성 복수 명사를 수식할 때는 bianche이다.
• bello	아름다운. 수식하는 명사에 따라서 다양한 형태를 갖는다(→ 2단계 문법 따라하기 참고)
• bravo	훌륭한. 복수 형태는 bravi. 여성 단수 명사를 수식할 경우는 brava, 여성 복수 명사를 수식할 때는 brave이다.
• cappello	모자.
• chiesa	성당.
• colore	색깔, 물감.
• compleanno	생일.
• contento	기쁜. 복수 형태는 contenti. 여성 단수 명사를 수식할 때는 contenta, 여성 복수 명사를 수식할 때는 contente이다.
• divertimento	즐거움, 재미.
• dolce	부드러운. 기본형이 -e로 끝나는 형용사이므로, 복수 형태는 명사의 성과 수에 관계없이 dolci이다.
• facile	쉬운. 기본형이 -e로 끝나는 형용사이므로, 복수 형태 명사의 성과 수에 관계없이 복수 형태는 facili이다.
• felice	행복한. 기본형이 -e로 끝나는 형용사이므로, 명사의 성과 수에 관계없이 복수 형태는 felici

이다.

- fine settimana   주말.
- foglia   나뭇잎.
- fortuna   행운.
- gatto   수코양이.
- giacca   재킷.
- gonna   치마.
- incolore   색깔이 없는, 무색의.
- interessante   흥미로운. 기본형이 -e로 끝나는 형용사이므로, 복수 형태 명사의 성과 수에 관계없이 복수 형태는 interessanti이다.
- largo   넓은. 복수 형태는 larghi. 여성 단수 명사를 수식할 때는 larga, 여성 복수 명사를 수식할 때는 larghe이다.
- lavoro   일, 노동, 수고.
- letto   침대.
- limone   레몬.
- lingua   언어, 혀.
- lungo   긴. 복수 형태는 lunghi. 여성 단수 명사를 수식할 때는 lunga, 여성 복수 명사를 수식할 때는 lunghe이다.
- Natale   크리스마스.
- nazionalità   국적.
- nero   검은 색의. 복수 형태는 neri. 여성 단수 명사를 수식할 경우는 nera, 여성 복수 명사를 수식할 때는 nere이다.
- neve   눈(雪)
- Pasqua   부활절.
- piccolo   작은. 복수 형태는 piccoli. 여성 단수 명사를 수식할 때는 piccola, 여성 복수 명사를 수식할 때는 piccole이다.
- pomeriggio   오후.
- quaderno   공책.

• rotondo	둥근. 복수 형태는 rotondi. 여성 단수 명사를 수식할 때는 rotonda, 여성 복수 명사를 수식할 때는 rotonde이다.
• scherzo	농담.
• semplice	단순한. 기본형이 −e로 끝나는 형용사이므로, 명사의 성과 수에 관계없이 복수 형태는 semplici이다.
• spazio	공간.
• stanco	피곤한. 복수 형태는 stanchi. 여성 단수 명사를 수식할 때는 stanca, 여성 복수 명사를 수식할 때는 stanche이다.
• verde	푸른. 초록의. 기본형이 −e로 끝나는 형용사이므로, 명사의 성과 수에 관계없이 복수 형태는 verdi이다.
• viaggio	여행.
• zaino	배낭.

2 단계

문법 따라잡기

품질형용사

'형용사'는 명사를 수식하거나 한정하는 품사로 명사의 품질, 성질, 형태, 특징, 정해진 역할 등을 나타내는 품사이다. 이탈리아어에서 형용사는 크게 두 가지가 있는데, 명사의 품질, 성질, 특징, 형태, 상태 등을 나타내는 '품질형용사'와 소유, 지시, 수(數), 부정확한 수량, 의문, 감탄 등의 역할이 있는 '한정형용사'가 있다. 이번 과에서는 '품질형용사'에 대해 알아보자.

품질형용사의 형태

이탈리아어 형용사의 형태는 alto(키가 큰), bravo(훌륭한), contento(기쁜), piccolo(작은), rotondo(둥근) 등과 같이 기본형이 −o로 끝나는 형용사와,

dolce(부드러운), facile(쉬운), interessante(흥미로운), semplice(단순한) 등과 같이 기본형이 −e로 끝나는 형용사가 있다.

　형용사의 기본형이 −o로 끝나는 형용사는 명사의 성과 수에 따라 '4가지 형태' [남성 단수 : −o(예 : bravo), 여성 단수 : −a(예 : brava), 남성복수 : −i(예 : bravi), 여성복수 : −e(예 : brave)]를 갖는다.

　형용사의 기본형이 −e로 끝나는 형용사는 명사의 성과 수에 따라 '2가지 형태' [남성 및 여성 단수 : −e(예 : dolce), 남성 및 여성 복수 : −i(예 : dolci)]를 갖는다.

* 품질형용사는 명사의 '앞' 또는 '뒤'에 위치하여 명사를 수식할 수 있는데, 명사 뒤에 위치하는 경우가 대부분이다. 가장 중요한 사항은 수식하는 명사의 성(性)·수(數)와 반드시 일치해야 한다는 점이다.

단수	→	복수
ragazzo allegro	→	ragazzi allegri
즐거운 소년		즐거운 소년들
ragazza allegra	→	ragazze allegre
즐거운 소녀		즐거운 소녀들

lavoro facile　　→　lavori facili
lezione facile　　→　lezioni facili

* −co, −ca, −go, −ga로 끝나는 형용사들은 경우에 따라 h가 포함된다.

bianco → bianchi / bianca → bianche (흰)
stanco → stanchi / stanca → stanche (피곤한)
largo → larghi / larga → larghe (넓은)
lungo → lunghi / lunga → lunghe (긴)

* 품질형용사가 문장에서 essere(~이다), diventare(~이 되다) 등의 자동사 뒤에 위치하는 경우에도 문장의 주어와 성수가 반드시 일치해야 한다.

Mario è bello.　　　　　　마리오는 멋있다.

Carla è bella.   까를라는 예쁘다.
I ragazzi sono belli.   이 소년들은 멋있다.
Le ragazze sono belle.   이 소녀들은 멋있다.

품질형용사의 위치

대부분의 품질형용사는 명사의 '앞' 또는 '뒤'에 위치할 수 있다. 하지만 품질형용사 중에서 색깔, 국적, 종교를 나타내는 형용사는 반드시 명사 뒤에 위치한다.

예문

gatto <u>nero</u> (검은 숫고양이) → gatti <u>neri</u> (검은 숫고양이들)
gatta <u>nera</u> (검은 암고양이) → gatte <u>nere</u> (검은 암고양이들)

* 색깔을 나타내는 형용사 중에서 arancione(오렌지 색), blu(파란색), viola(보라색), bordo(자주색), rosa(분홍색)은 명사의 성수에 관계없이 항상 동일한 형태를 갖는다.

예문

cappello rosa (분홍색 모자) → cappelli rosa (분홍색 모자들)
gonna rosa (분홍색 치마) → gonne rosa (분홍색 치마들)

la lingua **italiana**   이탈리아어
la nazionalità **coreana**   한국 국적
la chiesa **cattolica**   가톨릭 성당.

* 일상생활에서 많이 사용되는 품질형용사 '**buono**'(좋은, 착한, 맛있는)와 '**bello**'(멋있는, 아름다운)는 일반적으로 명사의 '앞'에 위치하며, 뒤에 오는 명사의 성수에 따라 다양한 형태를 갖는다.

1. Buono의 경우는 부정관사 규칙을 따른다.

1) **buon** + 모음 또는 자음으로 시작하는 남성 단수 명사.

예문

un amico → **buon** amico / un giorno → **buon** giorno

＊ 하지만 남성 단수 명사 뒤에서는 항상 **buono**의 형태를 취한다.

amico **buono** / giorno **buono**

2) **buono**＋s 다음에 자음이 오는 남성 단수 명사 및 z, pn, ps 등으로 시작하는 남성 단수 명사.

uno spazio → **buono spazio** / uno zaino → **buono zaino**
＊ 이 경우는 남성 단수 명사 뒤에서도 항상 **buono**의 형태를 취한다.

spazio **buono** / zaino **buono**

3) **buona**＋모든 여성 단수 명사.

una ragazza → **buona** ragazza / una notte → **buona** notte
un'amica → **buon'amica**(모음으로 시작되는 여성 단수 명사 앞에서는 축약).
＊ 여성 단수 명사 뒤에서는 항상 **buona**의 형태를 취한다.

un'amica **buona** / una sera **buona**

2. Bello의 경우는 정관사 규칙을 따른다.

1) **bel**＋자음으로 시작하는 남성 단수 명사(복수 형태는 **bei**).

il tempo → **bel** tempo / i tempi → **bei** tempi

2) **bello**＋모음, s＋자음, z 등으로 시작하는 남성 단수 명사(복수 형태는 **begli**).

lo scherzo → **bello scherzo** / gli scherzi → **begli scherzi**
lo zaino → **bello zaino** / gli zaini → **begli zaini**

l'italiano → **bell**'italiano / gli italiani → **begli** italiani

3) **bella**＋여성 단수 명사(복수 형태는 **belle**).

예문

la donna → **bella** donna / le donne → **belle** donne
l'italiana → **bell**'italiana / le italiane → **belle** italiane

Buon(a)이 사용되는 인사.

Buon giorno!	(= Buon dì! 아침인사) 안녕하세요!
Buon pomeriggio!	(점심인사) 안녕하세요!
Buona sera!	(저녁인사) 안녕하세요!
Buona notte!	(저녁인사) 안녕히 주무세요!
Buon fine settimana!	(주말인사) 주말 잘 보내세요!
Buon appetito!	맛있게 드십시오!
Buon lavoro!	수고하십시오!
Buon viaggio!	좋은 여행 하십시오!
Buon divertimento!	재미있게 보내세요!
Buon compleanno!	생일을 축하합니다!
Buon Natale!	메리 크리스마스!
Buona Pasqua!	즐거운 부활절 보내세요!
Buona fortuna!	행운이 있기를 빕니다!

3단계

표현 따라하기　　[Ascolto 듣기 45]

인사 표현

Uomo : Buona fortuna!
　　　부오나　포르뚜나

Donna : Anche a te!
　　　앙께　아　떼

남자 : 행운이 있기를 빌어!
여자 : 네게도 마찬가지야!

Uomo : Buon appetito!
　　　　부온　　아뻬띠또

Donna : Altrettanto!
　　　　알뜨레딴또

남자 : 맛있게 드세요!
여자 : 당신도 맛있게 드세요!

Uomo : Domani vado al mare per le vacanze.
　　　　도마니　　바도 알 마레 뻬르레　바깐제

Donna : Buon viaggio e buon divertimento!
　　　　부온　　비앗죠 에 부온　　디베르띠멘또

남자 : 나는 내일 바다로 휴가를 떠나.
여자 : 좋은 여행이 되고, 재미있게 보내길 바란다!

4 단계

상 황 익 히 기　　　　🎧 [Ascolto 듣기 46]

상황 1.

Uomo : Di che colore è l'acqua?
　　　　디　께 꼴로레 에 라꾸아

Donna : L'acqua è incolore.
　　　　라꾸아　에 인꼴로레

Uomo : Di che colore sono i limoni?
　　　　디　께 꼴로레　소노 이 리모니

Donna : I limoni sono gialli.
　　　　이　리모니　소노　쨜리

남자 : 물은 무슨 색깔입니까?
여자 : 물은 무색입니다.
남자 : 레몬들은 무슨 색깔입니까?
여자 : 레몬들은 노란색입니다.

상황 2.

Uomo : Che colore ti piace?
께 꼴로레 띠 삐아체

Donna : Mi piace il colore verde.
미 삐아체 일 꼴로레 베르데

Uomo : Ti piacciono anche gli altri colori?
띠 삐아쵸노 앙께 리 알뜨리 꼴로리

Donna : Sì. mi piacciono il bianco, il rosso e il blu.
시. 미 삐아쵸노 일 비앙꼬 일 롯소 에 일 블루

남자 : 너는 어떤 색깔을 좋아하니?
여자 : 나는 초록색을 좋아해.
남자 : 너는 다른 색깔도 좋아하니?
여자 : 응. 나는 흰색, 붉은색 그리고 파란색을 좋아해.

5 단계

함께 연습하기 정답 : 233p

1. 다음 괄호 안에 알맞은 단어를 넣으시오.

(1) cielo (blu :   ).

(2) gonna (blu :   ).

(3) I fiori sono (bello :   ).

(4) Anna è (contento :   ).

(5) Le sedie sono (bianco :   ).

2. 다음을 우리말로 해석하시오.

(1) I quaderni sono verdi.

(2) Il letto non è largo, ma lungo.

(3) Tosca ha l'occhio nero.

(4) La porta è grande e la finestra è piccola.

(5) Noi siamo contenti(e).

3. 다음을 이탈리아어로 작문하시오.

(1) Mario는 똑똑하다. (똑똑한 : bravo 또는 intelligente)

(2) Anna는 똑똑하다.

(3) 스파겟티는 맛있다.(스파겟티 : Gli spaghetti)

(4) 꽃은 붉은 색이고, 재킷은 검은색이다.(꽃 : il fiore, 재킷 : la giacca)

(5) Roberto와 Carla는 피곤하다.(피곤한 : stanco)

4. 이번 과 첫 부분의 대화를 듣고 다음 괄호 안을 채우시오.

Mario : Di che (①   ) è la nev?

Laura : La neve è (②   ).

Mario : Di che colore sono le (③   )?

Laura : (④   ) foglie sono (⑤   ).

5. 책을 덮은 상태에서 이번 과에 녹음된 자료를 듣고 큰 소리로 따라하시오.

5

수(數)형용사 (Aggettivi numerali)

Che ore sono?
몇 시입니까?

🎧 [Ascolto 듣기 47]

Laura : Scusa, Mario, che ore sono?
스꾸자 마리오 께 오레 소노

Mario : Sono le **sette**. Perché?
소노 레 셋떼 뻬르께

Laura : Perché ho un appuntamento importante oggi.
뻬르께 오 운 아뿐따멘또 임뽀르딴떼 옷쥐

Mario : A che ora?
아 께 오라

Laura : Alle **otto**.
알레 옷또

라우라 : 미안한데, 마리오, 몇 시니?
마리오 : 7시야. 그런데 왜?
라우라 : 왜냐하면 오늘 중요한 약속이 있어.
마리오 : 몇 시에?
라우라 : 8시에.

단어와 숙어 익히기

• A che ora? 몇 시에? A : ~시간에, ~사람에게, ~곳으로… 문맥에 따라서 여러 의미를 지닌다. che : 무엇의. 뒤에 위치한 명사 ora(시간)를 수식하는 의문형용사. ora : 시간.

• appuntamento 약속.

• cena 저녁식사.

• che ora è? 몇 시입니까? che : 무엇의. 뒤에 위치한 명사 ora(시간)를 수식하는 의문형용사. ora : 시간. è : ~이다. 동사 essere의 객관적인 사실을 나타내는 직설법 현재 3인칭 단수 형태(→ 제 1과 19페이지 참고).

• donna 여성, 여인. 남성은 uomo.

• fai colazione (너는) 아침 식사를 한다. fai : (너는) ~을 한다. 동사 fare(~하다)의 객관적인 사실을 나타내는 직설법 2인칭 단수 형태(→ 제 8과 96페이지 참고). colazione : 아침식사.

• importante 중요한

• ma 그러나, 그런데.

• mezzogiorno 정오.

• mezzanotte 자정.

• oggi 오늘. 내일은 domani, 모레는 dopodomani. 어제는 ieri.

• ore 시간들. 단수는 ora.

• otto 여덟(8).

• penna 펜. matita 연필(= lapis).

• perché 왜, 왜냐하면, ~때문에.

• piano 층. il primo piano 1층, il secondo piano 2층.

* 이탈리아에서 1층은 우리의 2층, 이탈리아에서 2층은 우리의 3층에 해당한다.

• pranzo 　점심식사. 지방에 따라 '아침 식사'라는 의미로 도 사용된다.

• Quanti ne abbiamo oggi? 　오늘이 며칠입니까? Quanti : 얼마의. 의문대 명사. ne : 부분을 나타내는 대명사. abbiamo : (우리는) ~을/를 가지다. 동사 avere의 직설법 현재 1인칭 복수 형태(→ 제 2 과 25페이지 참고).. oggi : 오늘.

• Scusa! 　미안해!(격식적인 표현에는 Scusi! 혹은 Mi scusi!를 사용한다.)

• sono le sette 　7시이다. sono : ~이다. 동사 essere의 객관적 인 사실을 나타내는 3인칭 복수형태(→ 제 1과 19페이지 참고). le : 여성 복수 명사 또는 여성 복수 형용사 앞에 사용하는 정관사. sette : 일 곱(7).

• studente 　남학생. '여학생'이라는 의미로도 사용된다. 여 학생은 studentessa.

• vado a scuola 　(나는) 학교에 간다. vado : (나는) 간다. 동사 andare의 객관적 사실을 나타내는 직설법 현 재 1인칭 단수 형태(→ 제 8과 94페이지 참고). a : ~장소에. scuola : 학교.

• vai 　(너는) 간다. 동사 andare의 객관적 사실을 나 타내는 직설법 현재 2인칭 단수 형태(→ 제 8과 94페이지 참고).

문법 따라잡기

기수(Numeri cardinali)

기수(Numeri cardinali)				
1 uno(un, una)	11 undici	21 ventuno	31 trentuno	70 settanta
2 due	12 dodici	22 ventidue	32 trentadue	80 ottanta
3 tre	13 tredici	23 ventitré	33 trentatré	90 novanta
4 quattro	14 quattordici	24 ventiquattro	…	100 cento
5 cinque	15 quindici	25 venticinque	40 quaranta	101 centouno
6 sei	16 sedici	26 ventisei	41 quarantuno	102 centodue
7 sette	17 diciassette	27 ventisette	…	108 centootto
8 otto	18 diciotto	28 ventotto	50 cinquanta	…
9 nove	19 diciannove	29 ventinove	51 cinquantuno	200 duecento
10 dieci	20 venti	30 trenta	52 cinquantadue	300 trecento
			53 cinquantatré	400 quattrocento
			…	500 cinquecento
			60 sessanta	…
			…	

기수 1(uno)은 부정관사의 규칙을 따른다(→ 제 3과 37페이지 참고).

예문

un libro 책 한 권, **uno** studente 학생 한 명, **una** penna 펜 한 개

기수 2부터는 형태가 변하지 않는다. 명사와 사용될 경우 **명사의 성에 관계없이** 명사의 형태만 복수로 변한다.

예문

due **libri** 책 두 권, tre **penne** 펜 세 개, quattro **amici** 친구 네 명

11에서 19까지를 잘 살펴보면 11에서 16까지는 1 [uno]＋10 [dieci]＝11 [undici],

2 [due]＋10 [dieci]＝12 [dodici] 등과 같은 방식으로 이루어져 있으나, 17부터 19 까지는 10 [dieci]＋7 [sette]＝17 [diciassette]와 같은 방식으로 되어 있다.

21부터는 21 ventuno(＝20＋1), 22 ventidue(＝20＋2), 23 ventitré(＝20＋3) 등 으로 20 venti에 1 uno, 2 due, 3 tre…처럼 1~9까지를 붙여주면 된다.

100(일백)이후부터는 모음과 모음이 겹쳐도 축약하지 않는다.

예문

101 cent**ou**no, 108 cent**oo**tto….

1.000(일천)은 mille이며 복수형은 mila이다. 2.000 부터는 2 X 1.000의 형태 이다.

예문

2.000 duemila, 3.000 tremila… 9.000 novemila… 10.000 diecimila

100.000(십만)은 centomila이다.

예문

200.000 duecentomila, 300.000 trecentomila,
400.000 quattrocentomila…

1.000.000(일백만) un milione, 2.000.000(이백만) due milioni,
3.000.000(삼백만) tre milioni… 10.000.000(천만) dieci milioni,
20.000.000(이천만) venti milioni… 100.000.000(일억) cento milioni…
1.000.000.000(십억) un miliardo…
10.000.000.000(백억) dieci miliardi…

서수(Numeri ordinali)°			
1^0 primo	11^0 undicesimo	21^0 ventunesimo	40^0 quarantesimo
2^0 secondo	12^0 dodicesimo	22^0 ventiduesimo	50^0 cinquantesimo
3^0 terzo	13^0 tredicesimo	23^0 ventitreesimo	60^0 sessantesimo
4^0 quarto	14^0 quattordicesimo	24^0 ventiquattresimo	70^0 settantesimo
5^0 quinto	15^0 quindicesimo	25^0 venticinquesimo	80^0 ottantesimo
6^0 sesto	16^0 sedicesimo	26^0 ventiseiesimo	90^0 novantesimo
7^0 settimo	17^0 diciassettesimo	30^0 trentesimo	100^0 centesimo
8^0 ottavo	18^0 diciottesimo	31^0 trentunesimo	101^0 centunesimo
9^0 nono	19^0 diciannovesimo	32^0 trentaduesimo	102^0 centoduesimo
10^0 decimo	20^0 ventesimo	33^0 trentatreesimo	1000^0 millesimo
		⋮	⋮

서수의 경우는 **반드시 명사의 성수에 따라 형태를 일치시켜야** 하며, 서수 앞에는 '정관사'를 사용해야 한다. 서수의 여성 단수 형태는 prima [쁘리마], seconda [세꼰다]... ventesima [벤떼지마] 등과 같이 표기하며, 아라비아 숫자로 표기할 경우에는 1^a, 2^a ... 20^a 와 같이 표기한다.

11이상의 서수를 만드는 방법은 기수의 마지막 모음을 제거한 후, 남성 단수형 앞에는 −esim**o**, 여성 단수형 앞에는 −esim**a**를 붙이면 된다. 단, −tre, −sei로 끝나는 기수를 서수로 만들 경우는 위의 도표에서 23과 26의 경우에서 보듯이 마지막 모음을 제거하지 않고 남성 단수형 앞에는 −esim**o**, 여성 단수형 앞에는 −esim**a**를 붙인다.

il prim**o** baci**o**　　　첫 키스
복수 → **i** prim**i** bac**i**
la prim**a** scelt**a**　　　첫 선택
복수 → **le** prim**e** scelt**e**

2. 시간

시간을 묻는 표현은 다음 2가지를 사용한다.

예문

Che ora è?	몇 시입니까?
Che ore sono?	몇 시입니까?

이탈리아어로 "~시"라는 표현을 할 때, 1시는 단수이므로 essere 동사의 3인칭 단수형인 è를 사용하고, 2시 이후는 3인칭 복수형인 sono를 사용한다.

예문

È l'una.	1시이다.
È l'una e dieci.	1시 10분이다.
È mezzogiorno.	정오이다.
È mezzanotte.	자정이다.
Sono le quattro.	4시이다.
Sono le sei e mezzo.	6시 30분이다.
Sono le dodici.	12시이다.

이탈리아어로 "~시에"라는 표현에는 전치사 a를 사용한다.

예문

A mezzogiorno.	정오에.
A mezzanotte .	자정에.
All'una.	1시에.
Alle cinque.	5시에.
Alle undici.	11시에.

3. 요일(la settimana)

'월요일~토요일' 까지는 남성 단수이며, '일요일' 만 '여성 단수' 이다. 월요일~금요일까지는 악센트가 단어의 끝 모음(ì)에 있으므로 반드시 악센트 표시를 해야 한다.

예문

일 domenica, 월 lunedì, 화 martedì,

수 mercoledì, 목 giovedì, 금 venerdì, 토 sabato.

Oggi è lunedì.	오늘은 월요일이다.
Domani è martedì.	내일은 화요일이다.
Dopodomani è mercoledì.	모레는 수요일이다.

4. 달(i mesi 月)

달(月)은 모두 남성 단수이다.

Il primo mese dell'anno è	gennaio.	일 년의 첫 달은 1월이다.
Il secondo mese dell'anno è	febbraio.	일 년의 두 번째 달은 2월이다.
Il terzo mese dell'anno è	marzo.	일 년의 세 번째 달은 3월이다.
Il quarto mese dell'anno è	aprile.	일 년의 네 번째 달은 4월이다.
Il quinto mese dell'anno è	maggio.	일 년의 다섯 번째 달은 5월이다.
Il sesto mese dell'anno è	giugno.	일 년의 여섯 번째 달은 6월이다.
Il settimo mese dell'anno è	luglio.	일 년의 일곱 번째 달은 7월이다.
L'ottavo mese dell'anno è	agosto.	일 년의 여덟 번째 달은 8월이다.
Il nono mese dell'anno è	settembre.	일 년의 아홉 번째 달은 9월이다.
Il decimo mese dell'anno è	ottobre.	일 년의 열 번째 달은 10월이다.
L'undicesimo mese dell'anno è	novembre.	일 년의 열한 번째 달은 11월이다.
Il dodicesimo mese dell'anno è	dicembre.	일 년의 열두 번째 달은 12월이다.

Siamo nel mese di gennaio. = Siamo in gennaio. 지금은 1월이다.
시아모 넬 메제 디 젠나이오　　시아모 인 젠나이오

3단계

표현 따라하기　　🎧 [Ascolto 듣기 48]

시간 표현

Uomo : Scusi, che ora è?
스꾸지　께 오라 에

Donna : È l'una e venti.
에 루나 에 벤띠

남자 : 실례합니다만, 몇 시입니까?
여자 : 1시 20분입니다.

Uomo : Che ore sono?
께 오레 소노

Donna : Sono le cinque.
소노 레 칭꿰

남자 : 몇 시입니까?
여자 : 5시입니다.

날짜 표현

Uomo : Quanti ne abbiamo oggi?
꽌띠　네 아비아모　오쥐

Donna : Ne abbiamo 20.
네 아비아모 벤띠

남자 : 오늘이 며칠입니까?
여자 : 오늘은 20일입니다.

요일 표현

Uomo : Che giorno è oggi?
께 조르노 에 옷쥐

Donna : Oggi è mercoledì.
오쥐 에 메르꼴레디

남자 : 오늘이 무슨 요일입니까?
여자 : 오늘은 수요일입니다.

달(月) 표현

Uomo : In che mese siamo?
인 께 메제 시아모

Donna : Siamo in luglio.
시아모 인 룰리오

남자 : 지금이 몇 월입니까?
여자 : 7월입니다.

일상생활 표현

Uomo : A che ora fai colazione?
아 께 오라 파이 골라찌오네

Donna : Alle sette.
알레 셋때

남자 : 너는 몇 시에 아침식사를 하니?
여자 : 7시에.

Uomo : A che ora vai a scuola?
아 께 오라 바이 아 스꾸올라

Donna : Alle otto.
알레 옷또

남자 : 너는 몇 시에 학교에 가니?
여자 : 8시에.

상 황 익 히 기 🎧 [Ascolto 듣기 49]

상황 1.

Uomo : Che ore sono?
께 오레 소노

Donna : Sono le nove.
소노 레 노베

Uomo : Grazie.
그라찌에

Donna : Prego.
쁘레고

남자 : 몇 시입니까?
여자 : 9시입니다.
남자 : 감사합니다.
여자 : 천만에요.

상황 2.

Uomo : A che ora hai l'appuntamento?
아 께오라 아이 라뿐따멘또

Donna : Alle due.
알레 두에

Uomo : Dove?
도베

Donna : In Piazza Garibaldi.
인 삐앗짜 가리발디

남자 : 몇 시에 약속이 있니?
여자 : 두시에.
남자 : 어디서?
여자 : 가리발리 광장에서.

함께 연습하기 정답 : 233p

1. 다음 괄호 안에 알맞은 단어를 넣으시오.

(1) Che ora (essere :   )?

(2) (Essere :   ) l'una.

(3) Che ore (essere :   )?

(4) (Essere :   ) le tre.

(5) (   ) giorno è oggi?

2. 다음을 우리말로 해석하시오.

(1) Che ore sono?

(2) Sono le sei.

(3) A che ora hai l'appuntamento?

(4) Alle nove.

(5) Oggi è sabato.

3. 다음을 이탈리아어로 작문하시오.

(1) 몇 시입니까?

(2) 정오입니다.

(3) 오늘은 무슨 요일입니까?

(4) 몇 시에 너는 아침 식사를 하니?(아침 식사를 하다 : fare colazione)

(5) 나는 8시에 학교에 갑니다.

4. 이번 과 첫 부분의 대화를 듣고 다음 괄호 안을 채우시오.

Laura : Scusa, Mario, che (①   ) sono?

Mario : Sono le (②   ). Ma perché?

Laura : (③   ) ho un (④   ) importante oggi.

Mario : A che ora?

Laura : (⑤   ) otto.

5. 책을 덮은 상태에서 이번 과에 녹음된 자료를 듣고 큰 소리로 따라하시오.

소유 및 지시형용사
(Aggettivi possessivi e indicativi)
소유 및 지시대명사
(Pronomi possessivi e indicativi)

Ti presento la mia amica.
네게 내 여자 친구를 소개할게.

[Ascolto 듣기 50]

Laura : Ciao, Mario, ti presento i **miei** amici.
챠오 마리오 띠 쁘레젠또 이 미에이 아미치

Questo è Paolo e **quella** è Anna.
꿰스또 에 빠올로에 꿸라 에 안나

Mario : Molto piacere! Sono Mario.
몰또 삐아체레 소노 마리오

Paolo : Molto lieto! Sono Paolo.
몰또 리에또 소노 빠올로

Anna : Molto lieta! Sono Anna.
몰또 리에따 소노 안나

라우라 : 안녕, 마리오, 네게 내 친구들을 소개할게.
이 친구가 빠올로이고, 저 친구가 안나야.

마리오 : 만나서 매우 반가워. 난 마리오야.

빠올로 : 만나서 대단히 반가워. 난 빠올로야.

안나 : 만나서 대단히 반가워. 난 안나야.

단어와 숙어 익히기

• famiglia	가족.
• figlio	아들. figlia : 딸.
• fratello	형, 남동생, 오빠. fratello maggiore : 큰 형. fratello minore : 작은 형, 작은 오빠. sorella : 누나, 언니, 여동생.
• il mio progetto	내 계획. il : 남성 단수 명사 또는 남성 단수 형용사 앞에 사용하는 정관사. mio : 나의. 뒤에 위치한 명사 progetto를 수식하는 소유형용사. 명사 progetto가 남성 단수이므로 명사와 형용사의 성수일치에 의해 mio이다. 여성 단수 명사를 수식한다면 mia이어야 한다(이번과 제 2단계 문법 따라잡기 참고).
• la mia famiglia	내 가족. la : 여성 단수 명사 또는 여성 단수 형용사 앞에 사용하는 정관사. mia : 나의. 뒤에 위치한 명사 famiglia를 수식하는 소유형용사. 명사 famiglia가 여성 단수이므로 명사와 형용사의 성수일치에 의해 mia이다. 여성 단수 명사를 수식한다면 mio이어야 한다.
• lavoro	일, 직업, 직장.
• macchina	자동차, 기계.
• mio padre	내 아버지. mio : 나의. 뒤에 위치한 명사 padre를 수식하는 소유형용사. 명사 padre가 남성 단수이므로 명사와 형용사의 성수일치에 의해 mio이다. 소유형용사 앞에는 관사를 항상 사용해야 하지만, 이 경우는 예외적인 경우로 가족, 친지를 나타내는 단수 명사 앞에는 관사를 사용하지 않는다.
• Molto piacere!	만나서 매우 반갑습니다. molto : 매우. piacere : 기쁨, 즐거움.
• Molto lieto(a)!	만나서 매우 반갑습니다. molto : 매우. lieto(a) : 기쁜, 행복한. 성수일치에 의해 말하는 사람이 남성 단수인 경우는 lieto, 여성 단수인 경우는 lieta를 사용해야 한다.

- nero   검은 색의.
- nipote   손자, 손녀, 조카.
- nonno   할아버지. nonna : 할머니.
- padre   아버지. madre : 어머니. babbo(papà) : 아빠. mamma : 엄마.
- progetto   계획.
- Questo è Paolo e quella è Anna

이 친구는 빠올로이고, 저 친구는 안나이다. questo : 남성 단수를 지시하는 지시대명사. Paolo가 남성 단수이므로 성수일치에 의해 questo이다. è : ~이다. 동사 essere의 직설법 현재 3인칭 단수 형태(→ 제 1과 19페이지 참고). quella : 여성 단수를 지시하는 지시대명사. Paolo가 여성 단수이므로 성수일치에 의해 questa이다. ragazzo : 소년. ragazza : 소녀.

- rosso   붉은 색의.
- ti presento i miei amici

(나는) 네게 내 친구들을 소개한다. ti : 네게. 간접목적인칭대명사 약형 2인칭 단수 형태. 일반적으로 동사 앞에 위치한다. presento : (나는) ~을/를 소개한다. 동사 presentare의 객관적인 사실을 나타내는 직설법 현재 1인칭 단수 형태(→ 제 7과 84페이지 참고). i : 남성 복수 명사 또는 남성 복수 형용사 앞에 사용하는 정관사. miei : 나의. 뒤에 위치한 명사 amici를 수식하는 소유형용사. 명사 amici가 남성 복수이므로 명사와 형용사의 성수일치에 의해 miei이다. 여성 복수 명사를 수식한다면 mie이어야 한다. (예 : le mie matite 내 연필들). amici : 친구들.

- vestito   옷.
- zio   삼촌, 숙부. zia : 숙모.

문법 따라잡기

1. 소유형용사(Aggettivi possessivi) 및 소유대명사(Pronomi possessivi)

'소유형용사'는 소유를 나타내는 역할을 하는 형용사이다. 다른 모든 형용사와 마찬가지로 명사를 수식하므로 **반드시 명사의 성수와 일치**해야 하며, 일반적으로 **정관사**와 같이 사용한다. 3인칭 복수 형태인 loro(그들의)의 경우는 형태가 변화하지 않는다. '소유형용사'의 위치는 '명사의 앞 또는 뒤'에 올 수 있는데, 거의 대부분 명사 앞에 위치한다.

'소유대명사'의 형태는 소유형용사와 동일하다. 단, 명사를 대신해서 사용하기 때문에 명사를 수식하지 않고 **단독으로 사용**된다.

1. 소유형용사 및 소유대명사의 형태

인칭	남성 단수	남성 복수	여성 단수	여성 복수
1인칭 단수(나의)	il **mio**	i **miei**	la **mia**	le **mie**
2인칭 단수(너의)	il **tuo**	i **tuoi**	la **tua**	le **tue**
3인칭 단수(그의, 그녀의)	il **suo**	i **suoi**	la **sua**	le **sue**
격식체(Lei 당신의)	il **Suo**	i **Suoi**	la **Sua**	le **Sue**
1인칭 복수(우리들의)	il **nostro**	i **nostri**	la **nostra**	le **nostre**
2인칭 복수(너희들의, 당신들의)	il **vostro**	i **vostri**	la **vostra**	le **vostre**
3인칭 복수(그들의)	il **loro**	i **loro**	la **loro**	le **loro**

2. '소유형용사'를 사용할 때 주의해야 할 사항.

a) '소유형용사'를 사용할 때 주의할 사항은 소유주의 성수에 따라서 소유형용사를 사용하는 것이 아니라, 소유물의 성수에 **따라서 소유형용사를** 사용해야 한다는 점이다. 소유대명사의 경우도 대신하는 명사의 성수에 맞는 형태를 사용해야 함은 동일하다.

il mio progetto 내 프로젝트 : 소유주인 내가 남자이든 여자이든 상관없이 소유
물인 프로젝트(progetto)의 성수가 남성단수이므로 이를 따라야 한다. 복수 형태
는 −o를 −i로 바꾸면 되므로 **i miei** progetti가 된다.

la mia famiglia 내 가족 : 소유주인 내가 남자이든 여자이든 상관없이 소유물인
가족(famiglia)의 성수가 여성단수이므로 이를 따라야 한다. 복수 형태는 −a를 −e
로 바꾸면 되므로 **le mie** famiglie 가 된다.

그러므로 **il suo** libro는 문장에 따라 '그 남자의 책'도 될 수 있고 '그녀의 책'도
될 수 있다.

il suo libro   그 남자의(그 여자의) 책
→ 복수형 **i suoi** libri

la sua penna   그 남자의(그 여자의) 펜
→ 복수형 **le sue** penne

이탈리아어에서는 명사가 남성이면 이를 수식하는 관사를 비롯해서 형용사, 대명
사도 반드시 남성이어야 한다. 물론 단수이면 단수, 복수이면 복수를 사용해야 한다
는 점을 다시 한 번 반드시 기억하기 바란다.

b) 가족, 친지가 '단수'로 사용되었을 경우에는 소유형용사 앞에 관사를 사용하지
   않는다. 그러나 가족, 친지가 '복수'로 사용되었을 경우에는 소유형용사 앞에 반
   드시 정관사를 사용해야 한다.

mio **padre** 내 아버지
mia **madre** 내 어머니
tuo **marito** 네 남편
tua **moglie** 네 아내

tuo fratello 네 형(남동생)
→ 복수형 : **i tuoi** fratelli   네 형(남동생)들

tua sorella 네 누나(여동생)

→ 복수형 : **le** tue sorelle   네 누나(여동생)들

suo nipote 그의(그녀의) 남자 조카(손자)

→ 복수형 : **i** suoi nipoti   그의(그녀의) 남자 조카(손자)들

sua nipote 그의(그녀의) 여자 조카(손녀)

→ 복수형 : **le** sue nipoti   그의(그녀의) 여자 조카(손자)들

* 가족, 친지가 단수로 사용되었을지라도 애칭으로 사용하였을 경우, 소유형용사와 같이 사용할 때는 반드시 정관사를 사용해야 한다.

il mio **babbo** 내 아빠, **la** mia **mamma** 내 엄마

c) 가족, 친지가 단수로 사용되었을지라도 소유형용사 loro 앞에는 항상 정관사를 사용한다.

il loro padre	그들의 아버지
la loro madre	그들의 어머니
il loro fratello	그들의 남동생(또는 형)
la loro sorella	그들의 여동생(또는 누나)

3. 소유대명사를 사용할 때 주의할 사항.

언급했듯이 소유대명사의 형태는 소유형용사와 일치하며, 명사를 대신하는 품사이기 때문에 명사와 같이 사용되지 않고 단독으로 사용된다.

Il mio vestito è rosso e **il tuo** è nero.
　소유형용사　　　　　　　소유대명사
내 옷은 붉은색이고, 네 것은 검은색이다.
복수형 → **I miei** vestiti sono rossi e **i tuoi** sono neri.

Il mio vestito에서 mio는 뒤에 오는 남성 단수명사 vestito를 수식하므로 '소유형용사'이며, **il tuo** è nero에서 tuo는 앞에 나온 남성 단수명사 '**vestito**를 대신'

하므로 '소유대명사'이다. 형용사는 앞 또는 뒤에 반드시 수식하는 명사가 오지만, 대명사는 명사를 대신하므로 수식하는 명사가 오지 않는다.

La mia macchina è rossa e **la tua** è nera.
소유형용사 　　　　　　　　　소유대명사

내 자동차는 붉은색이고, 네 것은 검은색이다.

복수형 → **Le mie** macchine sono rosse e **le tue** sono nere.

La mia macchina에서 mia는 뒤에 오는 여성 단수명사 macchina를 수식하므로 '소유형용사'이며, **la tua** è nera에서 tua는 여성 단수명사 '**macchina**를 대신'하므로 '소유대명사'이다.

위의 예문에서와 같이 소유형용사 및 소유대명사 형태는 반드시 '**명사의 성(性)·수(數)와 일치**'해야 한다.

2. 지시형용사(Aggettivi indicativi), 지시대명사(Pronomi indicativi)

'지시형용사 및 지시대명사'는 가까이 또는 먼 곳에 있는 사람 또는 사물을 지시하거나 대신할 때 사용하는 품사이다. '지시형용사'는 뒤에 오는 명사를 수식하며, '지시대명사'는 지시하는 명사를 대신하므로 단독으로 사용된다. 두 가지 경우 모두 반드시 '**명사의 성수와 일치**'해야 한다.

1. 지시형용사 및 지시대명사의 형태

a) Questo(이) : 말하는 사람과 듣는 사람에게서 가까이에 있는 사람 또는 사물을 지시한다.

	단수(s.)	복수(pl.)
남성(m.)	questo	questi
여성(f.)	questa	queste

b) Quello(저) : 말하는 사람과 듣는 사람에게서 멀리 있는 사람 또는 사물을 지시한다. Quello의 형태는 bello의 경우와 마찬가지로 '정관사'의

규칙을 따른다. 지시형용사 'quello'의 복수형은 'quegli'이며,
지시대명사 'quello'의 복수형은 'quelli'이다. 지시대명사에는
quel, quei, quegli의 형태가 없다.

지시형용사

	단수(s.)	복수(pl.)
남성(m.)	quel	quei
	quello	quegli
여성(f.)	quella	quelle

지시대명사

	단수(s.)	복수(pl.)
남성(m.)	quello	quelli
여성(f.)	quella	quelle

예문

Questo libro e quello.　　　　　이 책과 저 책.
지시형용사　　　지시대명사

→ 복수형 : Questi libri e quelli.　이 책과 저 책들.

Questa penna e quella.　　　　이 펜과 저 펜
지시형용사　　　　지시대명사

→ 복수형 : Queste penne e quelle.　이 펜과 저 펜들.

Questo è mio zio e **quella** è mia zia.
지시대명사　소유형　　　지시대명사　소유형

이 사람은 내 숙부이고, 저 사람은 내 숙모이다.

→ 복수형 : **Questi** sono i miei zii e **quelle** sono le mie zie.

이 사람들은 내 숙부들이고, 저 사람은 내 숙모들이다.

Questo è mio zio에서 Questo는 명사를 수식하지 않고 단독으로 사용되었으므
로 '지시대명사'이며, mio는 남성 단수인 zio를 수식하므로 '소유형용사'이다. 이

문장에서 중요한 점은 성수일치에 의해 명사인 zio가 남성 단수이므로 지시대명사도
남성 단수 형태(Questo), 소유형용사도 남성 단수 형태(mio)로 일치하다는 점과
zio는 가족 친지의 일원으로 단수형이기 때문에 정관사를 사용하지 않는다는 점이
다.

　다음으로 **quella** è mia zia의 경우, quella는 명사를 수식하지 않고 단독으로 사
용되었으므로 '지시대명사'이며, mia는 여성 단수인 zia를 수식하므로 '소유형용
사'이다. 역시 이 문장에서 중요한 점은 성수일치에 의해 명사인 **zia**가 여성 단수이
므로 지시대명사도 여성 단수 형태(quella), 소유형용사도 여성 단수 형태(mia)로
일치하다는 점과 sorella는 가족 친지의 일원으로 단수형이기 때문에 정관사를 사용
하지 않는다는 점이다.

　복수형의 문장도 마찬가지로 성수일치가 확실하게 이루어져야 한다.

3단계

표현 따라하기 　　[Ascolto 듣기 51]

소개 표현

Uomo : Le presento il signor Paolo.
레　쁘레젠또　일 시뇨르　빠올로

Il signor Paolo viene dall'Italia.
일 시뇨를　빠올로 비에네 달리딸리아

Donna : Piacere di conoscerLa. Mi chiamo Soobin.
삐아체레 디　꼬노쉐를라　미　끼아모　수빈

남자 : 당신께 빠올로 선생님을 소개합니다.
　　　빠올로씨께서는 이탈리아에서 오셨습니다.
여자 : 만나서 반갑습니다. 제 이름은 수빈입니다.

Uomo : Ha molti familiari?
아　몰띠 파밀리아리

Donna : La mia famiglia è composta in tutto da 6 persone.
라 미아 파밀리아 에 꼼뽀스따 인 뚯또 다세이 뻬르소네

mio padre, mia madre, mio marito, mio figlio e mia figlia.
미오 빠드레 미아 마드레 미오 마리또 미오 필리오 에 미아 필리아

Uomo : È una bellissima famiglia!
에 우나 벨릿시마 파밀리아

남자 : 가족이 많습니까?
여자 : 저희 가족은 모두 여섯 명입니다.
　　　아버지, 어머니, 제 남편, 제 아들 그리고 제 딸입니다.
남자 : 아주 멋있는 가족이군요!

직업 묻기 표현.

Uomo : Scusi signorina, che lavoro fa nella vita?
스꾸지 시뇨리나 께 라보로 파 넬라 비따

Donna : Faccio l'insegnante di liceo. E Lei?
파치오 린세냔떼 디 리체오 에 레이

Uomo : Sono dentista.
소노 덴띠스따

남자 : 실례합니다, 아가씨, 직업이 무엇인가요?
여자 : 저는 고등학교 선생님이에요. 당신은요?
남자 : 저는 치과의사입니다.

4단계

상 황 익 히 기　　[Ascolto 듣기 52]

상황 1

Uomo : Chi è questo ragazzo?
끼 에 꿰스또 라갓조

Donna : È mio fratello.
에 미오 프라뗄로

Uomo : Chi è questa ragazza?
끼 에 꿰스따 라갓자

Donna : È mia sorella.
에 미아 소렐라

남자 : 이 소년은 누구지?
여자 : 내 남동생이야.
남자 : 이 소녀는 누구지?
여자 : 내 여동생이야.

상황 2

Uomo : Chi è Maria?
끼 에 마리아

Donna : È una mia amica.
에 우나 미아 아미까

Uomo : Chi è Paolo?
끼 에 빠올로

Donna : È un mio amico.
에 운 미오 아미꼬

남자 : 마리아가 누구지?
여자 : 내 여자 친구야.
남자 : 빠올로가 누구지?
여자 : 내 남자 친구야.

5단계

함께 연습하기 정답 : 234p

1. 다음 괄호 안에 알맞은 단어를 넣고 복수형으로 고치시오. 관사는 정관사를 사용하고, 정관사가 필요없는 곳에는 넣지마시오.

   (1) (그녀의 :   ) lavoro 그녀의 직업 →

   (2) (그 남자의 :   ) zia 그 남자의 숙모→

   (3) (그녀의 :   ) zio 그녀의 숙부 →

   (4) (나의 :   ) fratello 나의 형(남동생) →

   (5) (나의 :   ) sorella 나의 누나(여동생) →

2. 다음을 우리말로 해석하시오.

   (1) Il mio nome è Hong, Kildong.

   (2) Questa gonna è rossa. (gonna : 치마)

   (3) Queste calze sono verdi. (calze : 양말)

   (4) Quei vestiti sono belli.

   (5) Quegli stivali non sono belli. (stivali : 부츠)

3. 지시대명사를 이용해 다음을 이탈리아어로 작문하시오.

(1) 이 사람은 제 아버지입니다. (아버지 : padre)

(2) 이 사람은 제 어머니입니다. (어머니 : madre)

(3) 저 사람은 제 남자 친구이다. (남자 친구 : amico)

(4) 저 사람은 제 여자 친구이다. (여자 친구 : amica)

(5) 이 사람들은 제 친구들이다. (친구들 : amici. 여자 친구들 : amiche)

4. 이번 과 첫 부분의 대화를 듣고 다음 괄호 안을 채우시오.

Laura : Ciao, Mario, ti presento i (①   ) amici.

        (②   ) è Paolo e (③   ) è Anna.

Mario : Molto piacere! Sono Mario.

Paolo : Molto (④   )! Sono Paolo.

Anna : Molto (⑤   )! Sono Anna.

5. 책을 덮은 상태에서 이번 과에 녹음된 자료를 듣고 큰 소리로 따라하시오.

직설법 현재 규칙동사
(Indicativo presente : Verbi regolari)

A che ora arrivi alla stazione?
너는 역에 몇 시에 도착하니?

🎧 [Ascolto 듣기 53]

Mario : Pronto! Laura, a che ora **arrivi** alla stazione?
쁘론또 라우라 아 께 오라 아리비 알라 스따찌오네

Laura : **Penso** di arrivare verso le nove.
뻰소 디 아리바레 베르소 레 노베

Mario : Va bene.
바 베네

Ti vengo a prendere con la mia macchina.
띠 벵고 아 쁘렌데르레 꼰 라 미아 마끼나

Laura : Ti **ringrazio** molto.
띠 링그라찌오 몰또

마리오 : 여보세요! 라우라, 너는 몇 시에 역에 도착하니?
라우라 : 9시경에 도착하리라 생각해.
마리오 : 좋아.
내 차를 가지고 너를 데리러 그곳으로 갈께.
라우라 : 너무 고마워.

단어와 숙어 익히기

- Pronto! — (전화) 여보세요!
- a che ora — 몇 시에.
- arrivi — (너는) 도착한다. 동사원형은 arrivare(도착하다). 이번 과 2단계 문법 따라잡기의 parlare 동사처럼 인칭과 수에 따라 규칙적으로 변한다.
- alla — a+la. 전치사관사(→ 제 3과 41페이지 참고). ~곳에.
- stazione — 역(驛). 여성 단수.
- penso — (나는) 생각한다. 동사 pensare의 객관적인 사실을 나타내는 직설법 현재 형태 → 이번 과 2단계 문법 따라잡기의 parlare 동사처럼 인칭과 수에 따라 규칙적으로 변한다.
- pensare di+동사원형 — ~라고 생각하다.
- arrivare — 도착하다.
- verso — ~경에, ~즈음에.
- le — 정관사. 여성 복수 형용사 또는 명사 앞에 사용한다.
- nove — 아홉(9).
- va — (3인칭 단수)가 가다. 동사 andare의 객관적인 사실을 나타내는 직설법 현재 3인칭 단수 형태(→ 제 8과 94페이지 불규칙 동사 변화 형태 참고).
- bene — 잘, 좋게.
- ci — 그곳. 앞에 나온 장소를 대신한다(→ 제 16과 181페이지 참고).
- vengo — (나는) 온다. 동사 venire의 객관적 사실을 나타내는 직설법 현재 1인칭 단수 형태(→ 제 8과 98페이지 불규칙 동사 변화 형태 참고).
- a — 전치사 ~위해서.
- prenderti — 너를 데리러. prendere(갖다, 마시다, 마중하다 등) 동사는 이번 과 2단계 문법 따라잡기의 vivere 동사처럼 인칭과 수에 따라 규칙적으로 변한다(→ 85페이지

참고). ti : 너를(→ 제 10과 117페이지 참고).

- **con** 　　전치사. ~을 가지고.
- **la** 　　정관사. 여성 단수 형용사 또는 명사 앞에 놓인다.
- **mia** 　　나의. 소유형용사 및 소유대명사 1인칭 단수 형태(→ 제 6과 72페이지 참고).
- **macchina** 　　자동차.
- **ti ringrazio** 　　ti : 네게. 간접목적인칭대명사 약형 2인칭 단수 형태(→ 제 11과 129페이지 참고). ringrazio : (나는) 감사한다. 동사 ringraziare의 객관적 사실을 나타내는 직설법 현재 1인칭 단수 형태(→ 이번 과 2단계 문법 따라잡기의 parlare 동사처럼 인칭과 수에 따라 규칙적으로 변한다).
- **molto** 　　매우.
- **parlare** 　　말하다.
- **l'italiano** 　　이탈리아어(= la lingua italiana).
- **l'inglese** 　　영어(= la lingua inglese).
- **il cinese** 　　중국어(= la lingua cinese).
- **chiedere** 　　요청하다.
- **favore** 　　부탁.
- **perdono** 　　용서
- **aiuto** 　　도움.
- **partire** 　　출발하다. Partire per Roma. 로마를 향해서 출발하다. "~를 향해서 출발하다"라는 의미를 표현할 때는 전치사 per를 사용해 "partire per+장소"의 형태를 지닌다.
- **capire** 　　~을/를 이해하다.
- **abitare** 　　살다. 거주하다. 이번 과 2단계 문법 따라잡기의 parlare 동사처럼 인칭과 수에 따라 규칙적으로 변한다.
- **imparare** 　　~을/를 배우다. 이번 과 2단계 문법 따라잡기의 parlare 동사처럼 인칭과 수에 따라 규칙적으로 변한다.
- **accompagnare** 　　데려다 주다. 배웅하다. 이번 과 2단계 문법 따라잡기의 parlare 동사처럼 인칭과 수에 따라 규칙적으로 변한다.

문법 따라잡기

이탈리아어에서 **가장 중요한 역할**을 담당하는 품사는 '**동사**'이다. 이탈리아어 동사는 동사원형의 끝 부분 형태에 따라 '3가지 형태', 즉 어미가 -are로 끝나는 형태(1군 동사), 어미가 -ere로 끝나는 형태(2군 동사), 어미가 -ire로 끝나는 형태(3군 동사)가 있다. 3군 동사에는 1형태와 2형태가 있다. 모든 동사는 변화하는 형태에 따라 '규칙 형태'와 '불규칙 형태'가 있다. '규칙 형태'는 동사원형의 -are, -ere, -ire 부분만 변화하며, 불규칙 형태는 전체적으로 변화한다.

이 과에서는 규칙동사의 '**직설법 현재형**'을 알아본다. '**직설법**'이란 말하는 사람이 객관적으로 실제로 과거에 발생했던 또는 현재 발생하고 있는 또는 미래에 발생할 사건 또는 행위를 표현하는 방식을 의미한다. 그러므로 '**직설법 현재형**'란 현재에 발생하고 있는 객관적인 사건 또는 행위를 표현하는 동사의 형태를 말한다.

1군 규칙 동사 : -are

* **Parlare** l'italiano. 이탈리아어를 말할 줄 안다.

(io) 나	parlo	
(tu) 너	parli	
(lui, lei, Lei) 그, 그녀, 당신	parla	l'italiano.
(noi) 우리	parliamo	
(voi) 너희들	parlate	
(loro) 그들	parlano	

* "이탈리아어를 '지금(현재) 실제로(직설법)' 할 줄 안다"는 의미이다.

예문

Par**lo** l'inglese.　　　나는 영어를 말할 줄 안다.
Par**lano** il cinese.　　그들은 중국어를 말할 줄 안다.

2군 규칙 동사 : -ere

* Viv**ere** a Seoul. 서울에 살다.

(io) 나	Vivo	
(tu) 너	Vivi	
(lui, lei, Lei) 그, 그녀, 당신	Vive	a Seoul.
(noi) 우리	Viviamo	
(voi) 너희들	Vivete	
(loro) 그들	Vivono	

* "서울에 '지금(현재) 실제로(직설법)' 살고 있다"는 의미이다.

예문

Viv**o** a Roma.　　　나는 로마에 산다. (* 도시명 앞에는 전치사 a 사용)
Viv**iamo** in Italia.　　우리는 이탈리아에 산다. (* 국가명 앞에는 전치사 in 사용)

3군 규칙 동사 1형태 : -ire

* Part**ire** per Roma. 로마로 출발하다.

(io) 나	Parto	
(tu) 너	Parti	
(lui, lei, Lei) 그, 그녀, 당신	Parte	per Roma.
(noi) 우리	Partiamo	
(voi) 너희들	Partite	
(loro) 그들	Partono	

* 로마로 '지금(현재) 실제로(직설법)' 출발한다"는 의미이다.

예문

Part**o** per l'Italia.　　나는 이탈리아로 출발한다.
Part**i** per Milano.　　너는 밀라노로 출발한다.
* Partire 동사 다음에는 전치사 per를 사용한다.

* Capire l'italiano. 이탈리아어를 이해하다.

(io) 나	Capisco	
(tu) 너	Capisci	
(lui, lei, Lei) 그, 그녀, 당신	Capisce	l'italiano.
(noi) 우리	Capiamo	
(voi) 너희들	Capite	
(loro) 그들	Capiscono	

* "이탈리아어를 '지금(현재) 실제로(직설법)' 이해한다"는 의미이다.

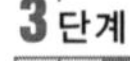

Cap**isci** le mie parole?	너는 내 말을 이해하니?
Non cap**isco** niente.	나는 아무 것도 이해하지 못한다.

위의 예문에서 보듯이 이탈리아어는 동사의 형태를 보면 주어의 '인칭'과 '수' 뿐만 아니라, '법'과 '시제'를 알 수 있는데, '법'이란 말하는 '사람이 표현하는 방식'이며, '시제'는 현재, 과거, 미래 등의 시간을 나타낸다.

3 단계

표현 따라하기 ▶ 🎧 [Ascolto 듣기 54]

전화할 때

Pronto!	여보세요. [전화상에서]
Con chi parlo? = Chi parla?	누구십니까? [전화상에서]
Sono Hong.	나는 홍입니다.
Vorrei parlare con il signor Roberto.	로베르또씨와 통화하고 싶습니다.
La linea è occupata.	통화중이다.

자신의 생각을 말할 때.

Penso di tornare verso le cinque.   나는 5시경에 돌아올 생각이다.

Penso di andare a casa.   나는 집에 갈 생각이다.

Penso di andare in Italia per studiare il canto lirico.

나는 성악을 공부하기 위해 이탈리아에 갈 생각이다.

Pensi di studiare l'italiano per studiare la moda?

너는 패션을 공부하기 위해 이탈리아어를 배우려고 생각하니?

의문사를 이용한 표현 익히기

Uomo : Signorina, quando parte per l'Italia?
시뇨리나   꽌도   빠르떼 뻬르 리딸리아

Donna : Parto domani.
빠르또   도마니

남자 : 아가씨 언제 이탈리아로 떠나십니까?
여자 : 내일 떠납니다.

Uomo : Dove vivi?
도베   비비

Donna : Vivo in Italia, a Milano.
비보 인 이딸리아아   밀라노

남자 : 너는 어디 사니?
여자 : 나는 이탈리아 밀라노에 살아.

Donna : Chi è Lei, signore?
끼 에 레이   시뇨레

Uomo : Sono Mario Rossi da Roma.
소노   마리오 롯시 다 로마

여자 : 당신은 누구십니까, 선생님?
남자 : 저는 로마에서 온 마리오 롯시입니다.

Uomo : Quanto costa questa giacca?
꽌또   꼬스따   꿰스따   쟈까

Donna : 150 Euro.
첸또칭꽌따 에우로

남자 : 이 재킷은 얼마입니까?
여자 : 150 유로입니다.

4단계

상황 익히기   🎧 [Ascolto 듣기 55]

상황 1

Uomo : Perché impari l'italiano?
빼르께 임빠리 리딸리아노

Donna : Penso di andare in Italia per studiare la musica.
뻰소 디 안다레 인 이딸리아 빼르 스뚜디아레 라 무지까

L'italiano è una lingua utile per il mio studio.
리딸리아노 에 우나 링구아 우띨레 빼르 일 미오 스뚜디오

Uomo : Capisco.
까삐스꼬

남자 : 왜 이탈리아어를 배우니?
여자 : 음악을 공부하러 이탈리아에 가려고 생각해.
　　　이탈리아어는 내 공부를 하는데 유용한 언어이거든.
남자 : 알았어.

상황 2

Uomo : Signorina Franca, a che ora parte per l'Italia domani?
시뇨리나 프랑까 아 께 오라 빠르떼 빼르 리딸리아 도마니

Donna : Parto alle nove di mattina.
빠르또 알레 노베 디 마띠나

Uomo : L'accompagno all'aeroporto con la mia macchina.
라꼼빠뇨 알아에로뽀르또 꼰 라 미아 마끼나

Donna : Grazie mille.
그라찌에 밀레

Uomo : Si figuri!
시 피구리

남자 : 프랑까양, 이탈리아로 내일 몇 시에 출발하죠?

여자 : 아침 9시에 떠납니다.

남자 : 당신을 제 차로 공항에 모셔다 드리겠습니다.

여자 : 대단히 고맙습니다.

남자 : 별 말씀을!

함께 연습하기 정답 : 234p

1. 다음 괄호 안에 알맞은 직설법 현재 형태를 넣으시오.

(1) (io) (Parlare :   ) l'italiano.

(2) (tu) (Parlare :   ) l'italiano.

(3) (lui) (Perdere :   ) i documenti.

(4) (noi) (Partire :   ) per Roma.

(5) (voi) (Capire :   ) l'italiano.

2. 다음을 우리말로 해석하시오.

(1) (noi) Parliamo l'italiano.

(2) (loro) Parlano l'italiano.

(3) (tu) Perdi i documenti.

(4) (io) Parto per Roma.

(5) (noi) Capiamo l'italiano.

3. 다음을 이탈리아어로 작문하시오.

(1) 나는 이탈리아어를 말할 줄 안다.

(2) 나는 이탈리아어를 이해한다.

(3) 우리는 서류를 잃어버린다.

(4) 그들은 로마로 출발한다.

(5) 너희들은 이탈리아어를 이해한다.

4. 이번 과 첫 부분의 대화를 듣고 다음 괄호 안을 채우시오.

Mario : (①   )! Laura, a che ora (②   ) alla stazione?

Laura : Penso di arrivare (③   ) le nove.

Mario : Va bene.

　　　　Ti vengo a (④   ) con la mia macchina.

Laura : Ti (⑤   ) molto.

5. 책을 덮은 상태에서 이번 과에 녹음된 자료를 듣고 큰 소리로 따라하시오.

직설법 현재 불규칙 동사
(Indicativo presente : Verbi irregolari)

Dove vai?
너 어디 가니?

🎧 [Ascolto 듣기 56]

Mario ： Ciao, Laura. Dove **vai**?
　　　　챠오　라우라　도베　바이

Laura ： **Vado** a comprare un regalo per mio fratello.
　　　　바도 아 꼼쁘라레　운 레갈로 뻬르 미오 프라뗄로

　　　　Domani è il suo compleanno.
　　　　도마니　에 일 수오　꼼쁠레 안노

Mario ： Capisco. **Posso** venire con te? Gli **voglio** fare anch'io un regalo.
　　　　까삐스꼬　뽓소　베니레　꼰 떼 리　볼리오　파레　앙끼오　운 레갈로

Laura ： **Va** bene. Grazie.
　　　　바 베네　그라찌에

마리오 : 안녕, 라우라. 어디 가니?
라우라 : 내 남동생을 위해 선물을 사러 가고 있어.
　　　　내일이 그의 생일이야.
마리오 : 그렇구나. 나도 너와 같이 가도 되니? 나도 그에게 선물을 하고 싶어.
라우라 : 좋아. 고마워.

단어와 숙어 익히기

• abitare	거주하다.
• acqua	물.
• a lui	그에게. 간접목적인칭대명사 강형 3인칭 단수 형태(→ 제 11과 130페이지 참고).
• a lungo	오랫동안.
• appartamento	아파트.
• barba	수염.
• bere	~을/를 마시다. 술을 마시다.
• bicchiere	컵.
• bugia	거짓말.
• camminare	걸음을 걷다.
• capisco	(나는) ~을/를 이해하다. 동사 capire의 직설법 현재 1인칭 단수 형태(→ 제 7과 86페이지 참고).
• casa	집.
• cercare	~을/를 찾기 시작하다.
• che	무엇. = che cosa = cosa.
• chi	누구.
• come	어떻게. 방법을 문의 할 때 사용하는 의문사.
• comprare	~을/를 구입하다.
• con te	너와 함께.
• conto	셈, 대금.
• costare	값이 나가다.
• dare	~을/를 주다.
• dire	~을/를 말하다.
• dove	어디
• domani	내일
• fare	~을/를 하다(→ 이번 과 제 2단계 문법 따라잡기 참고).
• festa	잔치, 파티.

• Gli voglio   나는 그에게 ~을/를 하고 싶다.

Gli : 그에게. 간접목적인칭대명사 약형 3인칭 단수 형태(→ 제 11과 129페이지 참고). voglio : 나는 ~을/를 원한다(이번 과 2단계 참고).

• guidare   운전을 하다, 안내를 하다.

• il suo compleanno   그의 생일. il : 남성 단수 명사 또는 남성 단수 형용사 앞에 사용하는 정관사(→ 제 3과 39~40페이지 참고). suo : 그의(그녀의). 뒤에 위치한 명사 compleanno 를 수식하는 소유형용사. 명사 compleanno가 남성 단수이므로 명사와 형용사의 성수일치에 의해 suo이다(→ 제 6과 72페이지 참고). compleanno : 생일.

• imparare   ~을/를 배우다.

• in piedi   서서.

• lavoro   일, 직업.

• l'inglese   영어. 영국인.

• leggere   ~을/를 읽다. 책을 읽다.

• mano   손(手). 손은 여성 단수(la mano) 이다. 복수 형태는 le mani이다(→ 제 3과 33페이지 참고).

• mare   바다.

• montagna   산(山)

• pagare   ~을/를 지불하다.

• per mio fratello   내 형(남동생). per : ~를 위해서. mio : 나의. 뒤에 위치한 명사 fratello를 수식하는 소유형용사(→ 제 6과 72페이지 참고). 가족 친지 관계를 나타내는 단수 명사 경우에는 소유형용사 앞에서 관사를 생략한다.

• posso   (나는) ~할 수 있다. 조동사 potere의 직설법 현재 1인칭 단수 형태(→ 이번 과 99페이지 참고.)

• preferire   ~을/를 선호하다. ~을/를 더 좋아하다.

• perché?   왜, 왜냐하면.

• quando   언제.

• quale   어느, 어떤. 선택을 할 때 사용하는 의문사.

• quanto   몇. 수량 또는 가격을 문의할 때 사용하는 의문사.

• rimanere   남다. 머무르다.

• rivista	잡지.
• sapere	~을/를 알다.
• scuola	학교.
• stare	지내다.
• tornare	돌아오다, 돌아가다.
• un regalo	선물. un : 남성 단수 명사 또는 남성 단수 형용사 앞에 사용하는 부정관사(→ 제 3과 37페이지 참고). regalo : 선물.
• uscire	외출하다.
• vado	(나는) 가다. 동사 andare의 직설법 현재 1인칭 단수 형태(제 2단계 문법 따라잡기 참고.) andare a + 동사원형 : ~하러 가다. andare a comprare : 구입하러 가다.
• vai	(너는) 가다. 동사 andare의 직설법 현재 2인칭 단수 형태(제 2단계 문법 따라잡기 참고.)
• venire	오다
• voglio	(나는) ~을/를 원하다. 조동사 volere의 직설법 현재 1인칭 단수 형태(→ 이번 과 제 2단계 문법 따라잡기 참고.)

2단계

문법 따라잡기

직설법 현재 불규칙 형태

다음은 일상생활에서 가장 많이 사용되는 동사의 예이다.

* **Andare** in Italia. 이탈리아에 가다.

(io) 나	vado	
(tu) 너	vai	
(lui, lei, Lei) 그, 그녀, 당신	va	in Italia.
(noi) 우리	andiamo	
(voi) 너희들	andate	
(loro) 그들	vanno	

* **Bere** un bicchiere d'acqua. 물을 한 컵 마시다.

(io) 나	bevo	
(tu) 너	bevi	
(lui, lei, Lei) 그, 그녀, 당신	beve	un bicchiere d'acqua.
(noi) 우리	beviamo	
(voi) 너희들	bevete	
(loro) 그들	bevono	

* **Cercare** un appartamento. 아파트를 구하다.

(io) 나	cerco	
(tu) 너	cerchi	
(lui, lei, Lei) 그, 그녀, 당신	cerca	un appartamento.
(noi) 우리	cerchiamo	
(voi) 너희들	cercate	
(loro) 그들	cercano	

* **Dare** una mano. 도와주다.

(io) 나	do	
(tu) 너	dai	
(lui, lei, Lei) 그, 그녀, 당신	dà	una mano.
(noi) 우리	diamo	
(voi) 너희들	date	
(loro) 그들	danno	

* **Dire** una bugia. 거짓을 말하다.

(io) 나	dico	
(tu) 너	dici	
(lui, lei, Lei) 그, 그녀, 당신	dice	una bugia.
(noi) 우리	diciamo	
(voi) 너희들	dite	
(loro) 그들	dicono	

* **Fare** la barba. 면도를 하다.

(io) 나	faccio	
(tu) 너	fai	
(lui, lei, Lei) 그, 그녀, 당신	fa	la barba.
(noi) 우리	facciamo	
(voi) 너희들	fate	
(loro) 그들	fanno	

* **Pagare** il conto. 대금을 지불하다.

(io) 나	pago	
(tu) 너	paghi	
(lui, lei, Lei) 그, 그녀, 당신	paga	il conto.
(noi) 우리	paghiamo	
(voi) 너희들	pagate	
(loro) 그들	pagano	

* **Morire di fame.** 배고픔으로 사망하다.

(io) 나	muoio	
(tu) 너	muori	
(lui, lei, Lei) 그, 그녀, 당신	muore	di fame.
(noi) 우리	moriamo	
(voi) 너희들	morite	
(loro) 그들	muoiono	

* **Salire sull'autobus.** 버스에 오르다.

(io) 나	salgo	
(tu) 너	sali	
(lui, lei, Lei) 그, 그녀, 당신	sale	sull'autobus.
(noi) 우리	saliamo	
(voi) 너희들	salite	
(loro) 그들	leggono	

* **Rimanere** in piedi. 서있다.

(io) 나	rimango	
(tu) 너	rimani	
(lui, lei, Lei) 그, 그녀, 당신	rimane	in piedi.
(noi) 우리	rimaniamo	
(voi) 너희들	rimanete	
(loro) 그들	rimangono	

* **Sapere** guidare. 운전할 줄 알다.

(io) 나	so	
(tu) 너	sai	
(lui, lei, Lei) 그, 그녀, 당신	sa	guidare.
(noi) 우리	sappiamo	
(voi) 너희들	sapete	
(loro) 그들	sanno	

* **Stare** bene. 잘 지내다.

(io) 나	sto	
(tu) 너	stai	
(lui, lei, Lei) 그, 그녀, 당신	sta	bene.
(noi) 우리	stiamo	
(voi) 너희들	state	
(loro) 그들	stanno	

* **Uscire** di casa presto. 집에서 빨리 나오다.

(io) 나	esco	
(tu) 너	esci	
(lui, lei, Lei) 그, 그녀, 당신	esce	di casa.
(noi) 우리	usciamo	
(voi) 너희들	uscite	
(loro) 그들	escono	

⁎ **Venire** dalla Corea. 한국에서 **오다**.

(io) 나	vengo	
(tu) 너	vieni	
(lui, lei, Lei) 그, 그녀, 당신	viene	dalla Corea.
(noi) 우리	veniamo	
(voi) 너희들	venite	
(loro) 그들	vengono	

Andare(가다) 동사의 활용.

(Io) Vado	**a**	casa. 나는 집에 간다.
		Milano. 나는 밀라노에 간다. (a+도시명)
	al	cinema. 나는 영화 보러 간다.
		mare. 나는 바다에 간다.
		lavoro. 나는 일하러 간다.
		concerto. 나는 콘서트에 간다.
	alla	riunione. 나는 회의에 간다.
	da	Anna. 나는 안나네 집에 간다. (da+인명)
	dal	medico. 나는 병원에 간다.
		dentista. 나는 치과에 간다.
	in	Italia. 나는 이탈리아에 간다. (in+국가명)
		pizzeria. 나는 피자집에 간다. (in+ -eria) ⁎ 단어에 -eria가 붙으면 '가게'라는 의미이다. 예 : libreria 서점(libro 책), lotteria 복권방 (lotto 복권)
		biblioteca. 나는 도서관에 간다. (in+ -teca) ⁎ 단어에 -teca가 붙으면 '저장소'라는 의미이다. 예 : discoteca 음반 도서관, enoteca : 포도주 저장고
		Piazza Garibaldi. 나는 가리발디 광장에 간다.
		chiesa. 나는 교회에 간다.
		Sicilia. 나는 시칠리아에 간다. (in+큰 섬)

(Io) Vado	**in**	montagna. 나는 산에 간다.
		vacanza. 나는 휴가를 간다.
	negli	Stati Uniti. 나는 미국에 간다.

조동사(Verbi servili)

이탈리아어 조동사에는 욕구, 의향을 나타내는 'volere(~원하다)', 의무를 나타내는 'dovere(~해야만 한다)', 능력을 나타내는 'potere(~을 할 수 있다)'가 있다. 영어에서와 마찬가지로 조동사 다음에 동사가 올 경우에는 '동사의 원형'이 온다.

* **Volere** imparare bene l'italiano. 이탈리아어를 잘 배우기를 원하다.

(io) 나	Voglio	
(tu) 너	Vuoi	
(lui, lei, Lei) 그, 그녀, 당신	Vuole	imparare bene l'italiano.
(noi) 우리	Vogliamo	
(voi) 너희들	Volete	
(loro) 그들	Vogliono	

* **Dovere** ritornare presto a casa. 집에 빨리 돌아가야만 하다.

(io) 나	Devo	
(tu) 너	Devi	
(lui, lei, Lei) 그, 그녀, 당신	Deve	ritornare presto a casa.
(noi) 우리	Dobbiamo	
(voi) 너희들	Dovete	
(loro) 그들	Devono	

* **Potere** camminare a lungo. 오래 걸을 수 있다.

(io) 나	Posso	
(tu) 너	Puoi	
(lui, lei, Lei) 그, 그녀, 당신	Può	camminare a lungo.
(noi) 우리	Possiamo	
(voi) 너희들	Potete	
(loro) 그들	Possono	

표현 따라하기 🎧 [Ascolto 듣기 57]

의문사를 이용한 표현 계속

Uomo : Marianne, da quando sei in Italia?
마리안느 다 꽌도 세이 인 이딸리아

Donna : Da 5 mesi.
다 칭꿰 메지

남자 : 마리안느, 너는 언제부터 이탈리아에 있니?
여자 : 5개월째야.

Uomo : Signorina, da dove viene?
시뇨리나 다 도베 비에네

Donna : Vengo da Seoul.
벵고 다 세울

남자 : 아가씨, 어디서 오십니까?
여자 : 서울에서 옵니다.

Uomo : Con chi vuoi andare al concerto?
꼰 끼 부오이 안다레 알 꼰체르또

Donna : Voglio andarci con i miei amici.
볼리오 안다레 꼰 이미에이 아미치

남자 : 너는 누구와 함께 콘서트에 가고 싶니?
여자 : 친구들과 같이 가고 싶어.

Uomo : Signorina Paola, perché non prendiamo un caffè insieme?
시뇨리나 빠올라 뻬르께 논 쁘렌디아모 운 까페 인시에메

Donna : Va bene!
바 베네

남자 : 빠올라양, 같이 함께 커피 한 잔 어때요?
여자 : 좋습니다.

Uomo : Quale disco preferisci, questo o quello?
꽐레 디스꼬 쁘레페리쉬 꿰스또 오 꿸로

Donna : Preferisco questo.
쁘레페리스꼬 꿰스또

남자 : 너는 어떤 음반을 좋아하니, 이것 아니면 저것?
여자 : 나는 이것이 더 좋아.

4단계

상황 익히기 · [Ascolto 듣기 58]

상황 1

Uomo : Da quando sei in Italia?
다 꽌도 세이 인 이딸리아

Donna : Da due anni.
다 두에 안니

Uomo : Perché sei in Italia?
뻬르께 세이 인 이딸리아

Donna : Per motivo di studio.
뻬르 모띠보 디 스뚜디오

Uomo : Che cosa studi?
께 꼬자 스뚜디

Donna : Studio la musica.
스뚜디오 라 무지까

남자 : 너는 언제부터 이탈리아에 있니?
여자 : 2년 전부터.
남자 : 너는 왜 이탈리아에 있니?
여자 : 공부 때문에.
남자 : 무엇을 공부하는데?
여자 : 음악을 공부해.

상황 2

Uomo : Signorina Maria, stasera può venire al cinema con me?
시뇨리나 마리아 스따세라 뿌오 베니레 알 치네마 꼰 메

Donna : Mi dispiace, non posso.
미 디스삐아췌 논 뽓소

Uomo : Perché?
뻬르께

Donna : Ho già un altro appuntamento.
　　　　오　쥐아 운　알뜨로　　아뿐따멘또

남자 : 마리아 아가씨, 저와 오늘 저녁에 극장에 갈 수 있습니까?
여자 : 미안한데, 그렇게 할 수 없어요.
남자 : 왜요?
여자 : 이미 다른 약속이 있어요.

함께 연습하기 정답 : 234p

1. 다음 괄호 안에 알맞은 직설법 현재 형태를 넣고, 우리말로 해석하시오.

   (1) (io) (Andare :　　　　　　　) in Italia per studiare la moda.

   (2) (noi) (Cercare :　　　　　　　) un appartamento.

   (3) (noi) (Sapere :　　　　　　　) l'italiano.

   (4) (io) (Uscire :　　　　　　　) di casa presto.

   (5) (tu) (Venire :　　　　　　　) dalla Corea.

2. 다음을 우리말로 해석하시오.

   (1) Faccio la barba.

   (2) Con chi vuoi andare in montagna?

   (3) Pago io!

   (4) Perché sei in Italia?

   (5) Quale disco preferisci, questo o quello?

3. 다음을 이탈리아어로 작문하시오.

   (1) 로베르또씨, 직업은 무엇입니까?

   (2) 그들은 신문을 읽는다.

   (3) 나는 영어를 잘 배우기를 원한다.

   (4) 우리는 좀 더 밖에 있을 수 있다.

   (5) 우리는 오랫동안 걸을 수 없다.(오랫동안 : a lungo)

4. 이번 과 첫 부분의 대화를 듣고 다음 괄호 안을 채우시오.

Mario : Ciao, Laura. Dove (1.   )?

Laura : (2.   ) a comprare un regalo per mio fratello.

        Domani è il suo compleanno.

Mario : Capisco. (3.   ) venire con te? Gli (4.   ) fare anch'io un regalo.

Laura : (5.   ) bene. Grazie.

5. 책을 덮은 상태에서 이번 과에 녹음된 자료를 듣고 큰 소리로 따라하시오.

비교급
(Gradi di comparazione)

Questa partita è bellissima!
이 시합 너무 멋있다!

🎧 [Ascolto 듣기 59]

Mario : Questa partita di calcio è **bellissima**!
꿰스따 빠르띠따 디 깔쵸 에 벨릿시마

Laura : Il giocatore numero 10 è **il più** veloce di tutti.
일 쥐오까또레 누메로 디에치에일 쀠 벨로체 디 뚯띠

È **rapidissimo** quando tira in porta.
에 라삐딧시모 꽌도 띠라 인 뽀르따

Mario : La nostra squadra è anche **più** fortunata dell'altra.
라 노스뜨라 스꽈드라 에 앙께 쀠 포르뚜나따 델랄뜨라

Laura : Sì, è vero.
시 에 베로

마리오 : 이 축구 경기 너무 멋있다!
라우라 : 10번 선수가 모든 선수들 중에서 제일 빨라.
그는 골대로 슛을 할 때 매우 빨라.
마리오 : 또한 우리 팀이 다른 팀보다 운이 좋아.
라우라 : 그래, 그건 사실이야.

단어와 숙어 익히기

• alto	키가 큰.
• anche	또한.
• bellissima	매우 예쁜. 형용사 bella의 절대적 최상급 형태(→ 이번 과 109페이지 참고).
• di continuo	계속.
• dieci	열(10).
• difficile	어려운.
• è	~이다. 동사 essere의 객관적 사실을 나타내는 직설법 현재 3인칭 단수 형태(→ 제 1과 19페이지 참고).
• fortunata	운이 좋은.
• fumare	담배를 피우다.
• giacca	재킷. 복수 형태는 giacche.
• giovane	젊은. il giovane : 젊은이.
• grande	큰, 커다란.
• il giocatore	선수. il : 남성 단수 명사 또는 남성 단수 형용사 앞에 사용하는 정관사. giocatore : 선수.
• in porta	문 안으로. in : ~안에. porta : 문.
• la classe	학급.
• la luna	달(月).
• la nostra squadra	우리 팀. la : 여성 단수 명사 또는 여성 단수 형용사 앞에 사용하는 정관사. nostra : 우리의. 뒤에 위치한 명사 squadra(팀)를 수식하는 소유형용사. 명사 squadra가 여성 단수이므로 명사와 형용사의 성수일치에 의해 nostra이다(→ 제 6과 72페이지 참고).
• la terra	지구.
• larga	넓은.
• lunga	긴.
• mele	사과들. 단수 형태는 mela.
• necessità	필요성.

- nostra   우리의.
- numero   번호.
- pantalone   바지.
- partita   시합, 경기.
- piacere   선호, 더 좋아함. 즐김, 쾌락.
- piazza   광장.
- più   더, 더욱.
- piuttosto che~   ~보다 더.
- porta   문.
- quando   ~때, 언제.
- questo è vero   그건 사실이다. è : ~이다. 동사 essere의 객관적 사실을 나타내는 직설법 현재 3인칭 단수 형태. vero : 사실의, 진실의.
- questa partita   이 시합, 이 경기. questa : 이. 뒤에 위치한 명사 partita(시합, 경기)를 수식하는 지시형용사. 명사 partita가 여성 단수이므로 명사와 형용사의 성수일치에 의해 questa이다. 남성 단수명사를 수식한다면 questo이어야 한다(→ 제 6과 75~76페이지 참고).
- rapidissimo   매우 빠른. 형용사 rapido의 절대적 최상급 형태(→ 이번 과 109페이지 참고).
- sì   예. 긍정부사.
- smettere   ~을/를 그만두다, 끊다.
- squadra   팀.
- tirare   슛을 하다.
- tutti   모든.
- veloce   빠른.

문법 따라잡기

형용사 비교급

비교급에는 '원급', '비교급', '최상급'이 있다. '비교급'은 다시 '우등비교'(~보다 더), '열등비교'(~보다 덜), '동등비교'(~만큼)로 구분되고, '최상급'은 '상대적 최상급'(~중에서 최고)과 '절대적 최상급'(절대적으로 최고)으로 구분된다.

비교급

1. 우등비교(~보다 더)

'우등비교'는 '~보다 더'라는 의미를 나타내며, 형태는 più ~ di 또는 più ~ che의 형태를 갖는다. 이 때 주의할 사항은 어느 경우에 di(또는 di+정관사 형태의 전치사관사)를 사용하고, 어느 경우에 che를 사용해야 하는 가를 구분해야 하는 점이다.

먼저 di(또는 di+정관사 형태의 전치사관사)를 사용하는 경우는 다음과 같다. 문장의 해석은 '뒤에서 부터'한다.

* **di**(또는 di+정관사 형태의 전치사관사)를 사용하는 경우
① 전치사 di : 비교 대상이 둘이고, 형용사가 한 개일 때.

    Paola è **più** alta **di** Maria.   빠올로는 마리오보다 더 키가 크다.

    비교대상 : Paola와 Maria. 형용사 : alta.

② di+관사(전치사관사) : 비교 대상이 둘이고, **형용사가 한 개일 때**이나, 뒤에 나오는 비교대상에 반드시 '**정관사**'가 요구될 때.

    La terra è **più** grande **della** luna.   지구는 달보다 더 크다.

    비교대상 : la terra와 la luna. 형용사 : grande. '달 la luna'는 단 하나 밖에 없으므로 반드시 정관사가 필요.

* **che**를 사용하는 경우
① 하나의 주어에 형용사가 두 개 나올 때.

    Questa piazza è **più** larga **che** lunga.   이 광장은 길기 보다 더 넓다.

주어 : Questa piazza. 형용사 : larga와 lunga

② 두 개의 명사를 비교할 때.

Compro **più** pantaloni **che** giacche.   나는 재킷보다 바지를 더 구입한다.

명사 : pantaloni와 giacche

③ 두 개의 동사를 비교할 때.

È **più** difficile fare **che** parlare.   말하는 것 보다 행동하는 것이 더 어렵다.

동사 : fare와 parlare

④ 전치사가 올 때.

Lavoro **più** per piacere **che** per necessità.

나는 필요성에 의해서보다 좋아서 일을 한다.

전치사 : per

2. 열등비교(~보다 덜)

‘열등비교’는 ‘~보다 덜’의 의미를 나타내며, 형태는 meno ~ di, 또는 meno ~ che의 형태를 갖는다. 이 경우 전치사 di 또는 ‘di + 관사’의 형태인 전치사관사를 사용해야 하느냐, che를 사용해야 하느냐는 우등비교의 경우와 동일하다.

① Maria è **meno** alta **di** Paola.   마리아는 빠올라보다 키가 덜 크다.

비교대상 : Maria와 Paola. 형용사 : alta.

② La luna è **meno** grande **della** terra.   달은 지구보다 덜 크다.

비교대상 : la luna와 la terra 형용사 : grande.

   * ‘지구 la terra’는 단 하나 밖에 없으므로 반드시 정관사가 필요.

③ 하나의 주어에 형용사가 두 개 나올 때.

Questa piazza è **meno** lunga **che** larga.   이 광장은 넓기보다 덜 길다.

주어 : Questa piazza. 형용사 : lunga와 larga

④ 두 개의 명사를 비교할 때.

Compro **meno** giacche **che** pantaloni.   나는 바지보다 재킷을 덜 구입한다.

명사 : giacche와 pantaloni

3. 동등비교(~만큼)

동등비교는 '(**così**)+형용사+**come**' 또는 '(**tanto**)+형용사+**quanto**'와 같은 표현을 사용한다. 이 경우에는 così와 tanto를 생략할 수 있다.

① Paolo è (**così**) ricco **come** Roberto   빠올로는 로베르또만큼 부자이다.
② Marco è (**tanto**) elegante **quanto** Roberto. 마르꼬는 로베르또만큼 우아하다.

최상급

'최상급'에는 다른 사물 또는 사람과 비교를 해서 상대적으로 최고를 의미하는 '상대적 최상급'과, 다른 사람 또는 사물과 비교를 하지 않고 절대적으로 최고라는 '절대적 최상급' 형태가 있다.

1. 상대적 최상급(~중에서 최고)

'상대적 최상급'의 형태는 '정관사+più+형용사' 또는 '정관사+명사+più+형용사'이다.

① Paolo è **il più bello** della sua classe.
　　빠올로는 그의 학급에서 제일 멋있다.
② Paola è **la ragazza più** bella della sua classe.
　　빠올라는 그녀의 학급에서 가장 예쁜 소녀이다.

2. 절대적 최상급(무조건 최고)

'절대적 최상급'의 형태는 형용사의 마지막 모음을 제거하고 주어가 남성의 경우는 '–issimo'를, 여성의 경우는 '–issima'를 붙이면 된다. 또는 '**molto**(**tanto** 매우)' 등의 부사를 사용해 표현할 수 도 있다. 'molto(tanto)'는 '부사'이기 때문에 형태가 변하지 않는다.

① Alberto è giovan**issimo**.   알베르또는 **최고로** 젊다.
　　= Alberto è **molto** giovane.
② Anna è giovan**issima**.   안나는 **최고로** 젊다.
　　= Anna è **molto** giovane.

위에 설명한 비교급을 요약해서 도표로 나타내면 다음과 같다.

원급	원급	Carlo è bello. 까를로는 멋있다.
비교급	우등 비교	Carlo è **più** bello **di** Mario. 까를로는 마리오보다 더 멋있다.
	열등 비교	Mario è **meno** bello **di** Carlo. 마리오는 까를로보다 덜 멋있다.
	동등 비교	Carlo è (**così**) bello **come** Roberto. 까를로는 로베르또만큼 멋있다.
최상급	상대적 최상급	Massimo è **il più** bello **della sua classe**. 마시모는 그의 학급에서 제일 멋있다.
	절대적 최상급	Mario è **bellissimo**. 마리오는 최고로 멋있다.

* 다음은 특수한 형태의 비교급 및 최상급 형태를 갖는 형용사이다.

원급	비교급	최상급
buono (좋은)	migliore (더 좋은＝ più buono)	ottimo (최고로 좋은)
cattivo (나쁜)	peggiore (더 나쁜 ＝ più cattivo)	pessimo (최고로 나쁜)
grande (큰)	maggiore (더 큰 ＝ più grande)	massimo (최대의)
piccolo (작은)	minore (더 작은 ＝ più piccolo)	minimo (최소의)

예문

Questo vino è **migliore** di quello.　　이 포도주가 저 포도주보다 더 좋다.
Paolo studia **peggiore** di te.　　빠올로는 너보다 공부를 더 못한다.
Mio fratello **maggiore** si chiama Mario. 이 내 큰 형의 이름은 마리오이다..

3단계

표 현 따 라 하 기　　🎧 [Ascolto 듣기 60]

비교 표현

Uomo : Luisa è più bella delle altre sorelle?
루이자 에 쀼 　벨라 　델레 알뜨레 소렐레

Donna : Sì, è la più bella di tutte.
시 에 라 쀼 벨라 디 뚯떼

남자 : 루이자는 다른 자매들 보다 더 예쁘니?
여자 : 응, 자매들 중에서 제일 예뻐.

Uomo : Paolo è elegante e bello.
빠올로 에 엘레간떼 에 벨로

Donna : Per me è più elegante che bello.
뻬르 메 에 쀼 엘레간떼 께 벨로

남자 : 빠올로는 우아하고 멋있어.
여자 : 내 생각에 그는 멋있기보다 더 우아해

Uomo : Mario fuma di continuo e non smette mai.
마리오 푸마 디 꼰띠누오 에 논 즈멧떼 마이

Donna : È più facile fumare che smettere.
에 쀼 파칠에 푸마레 께 즈멧떼레

남자 : 마리오는 계속 담배를 피고 결코 끊지를 않아.
여자 : 담배를 끊는 것 보다 피우는 게 더 쉬워.

Uomo : Va al mare o in montagna, signora?
바 알 마레 오 인 몬짜냐 시뇨라

Donna : Preferisco andare in motagna piuttosto che al mare.
쁘레페리스꼬 안다레 인 몬따냐 쀼또스또 께 알 마레

남자 : 부인, 바다에 가세요 아니면 산에 가세요?
여자 : 나는 바다보다 산에 가는 것을 더 좋아해요.

4 단계

상황 익히기 [Ascolto 듣기 61]

상황 1

Uomo : Ha qualche giacca più elegante di questa?
아 꽐께 쟈까 쀼 엘레간떼 디 꿰스따

Donna : Certamente. Ma è molto più cara.
체르따멘떼 마 에 몰또 쀼 까라

Uomo : Non m'importa il prezzo.
논　미임뽀르따 일 쁘렛조

Donna : La porto subito.
라　뽀르또　수비또

남자 : 이 재킷보다 더 멋있는 것이 있습니까?
여자 : 물론이죠. 하지만 매우 더 비쌉니다.
남자 : 가격은 상관없습니다.
여자 : 그것을 즉시 가져오겠습니다.

상황 2

Uomo : Questa frutta è fresca?
꿰스따 프룻따 에 프레스까

Donna : Certamente signore. È la più fresca e la meno cara del mercato.
체르따멘떼　시뇨레 에 라 쀼 프레스까에 라　메노 까라 델 메르까또

Uomo : Compro un chilo di mele e due chili di pesche.
꼼쁘로　운 낄로 디 멜레 에 두에 낄리 디　뻬스께

Donna : Ecco. In totale 7 Euro.
에꼬　인 또딸레 셋떼에우로

남자 : 이 과일 신선합니까?
여자 : 물론입니다, 아저씨. 시장에서 제일 신선하고 덜 비쌉니다.
남자 : 사과 1킬로와 복숭아 2 킬로를 구입하겠습니다.
여자 : 여기 있습니다. 전부 7유로입니다.

5단계

함께 연습하기 정답 : 235p

1. 다음 괄호 안에 알맞은 단어를 넣으시오.

(1) Carlo è più alto (　　) Marco.

(2) Firenze è tanto bella (　　) Venezia.

(3) La luna è meno grande (　　) sole.

(4) Anna è più elegante (　　) bella.

(5) È più facile parlare (　　) scrivere.

2. 다음을 우리말로 해석하시오.

(1) Firenze è meno grande di Roma.

(2) Laura è più grassa delle altre amiche.

(3) Paola è più bella che intelligente.

(4) Mario è il più alto di tutti i fratelli.

(5) Preferisco studiare a casa piuttosto che in biblioteca.

3. 다음을 이탈리아어로 작문하시오.

(1) 돈을 버는 것 보다 쓰는 것이 더 쉽다.

  (돈을 벌다 : guadagnare / 돈을 쓰다 : spendere)

(2) 로마는 밀라노만큼 소란스럽다.(소란스러운 : rumoroso)

(3) 이 자동차는 멋있기보다 더 편안하다.(편안한 : comodo)

(4) Laura는 Maria보다 덜 똑똑하다.(똑똑한 : intelligente 또는 bravo)

(5) 나는 자동차를 타고 가는 것보다 기차를 타고 가는 것을 더 좋아한다.(자동차를
  타고 가다 : andare in macchina / 기차를 타고 가다 : andare in treno)

4. 이번 과 첫 부분의 대화를 듣고 다음 괄호 안을 채우시오.

Mario : Questa partita di calcio è (①   )!

Laura : Il (②   ) numero 7 è il più (③   ) di tutti.

      È (④   ) quando tira in porta.

Mario : La nostra squadra è anche più fortunata (⑤   ).

Laura : Sì, questo è vero.

5. 책을 덮은 상태에서 이번 과에 녹음된 자료를 듣고 큰 소리로 따라하시오.

주격인칭대명사 (**Pronomi personali soggettivi**), 직접목적대명사 (**Pronomi diretti**), 관계대명사 (**Pronomi relativi**)

Chi vuoi invitare per la festa del tuo compleanno?
네 생일 잔치에 누구를 초대하고 싶니?

🎧 [Ascolto 듣기 62]

Mario : Chi vuoi invitare per la festa del tuo compleanno?
　　　　끼 부오이 인비따레 뻬르 라 페스따 델 뚜오 꼼쁠레안노

Laura : Vorrei invitare Chulsoo, un mio amico coreano. **Lo** conosci?
　　　　보레이 인비따레 철수 운 미오 아미꼬 꼬레아노 로 꼬노쉬

Mario : Certo, **lo** conosco benissimo. E poi?
　　　　체르또 로 꼬노스꼬 베니시모 에 뽀이

Laura : Vorrei anche invitare Anna. **La** conosci?
　　　　보레이 앙께 인비따레 안나 라 꼬노쉬

Mario : No, non **la** conosco.
　　　　노 논 라 꼬노스꼬

마리오 : 네 생일 잔치에 누구를 초대하고 싶니?
라우라 : 내 한국 친구인 철수를 초대하고 싶어. 그를 아니?
마리오 : 물론이지, 그를 매우 잘 알아. 그리고는?
라우라 : 안나도 초대하고 싶어. 그녀도 아니?
마리오 : 아니, 나는 그녀를 알지 못해.

단어와 숙어 익히기

• amico	남자 친구.
• accompagnare	~을/를 동반하다, 데려다 주다.
• ascoltare	~을/를 듣다.
• aspettano	(그들은) ~을/를 기다린다. 동사 aspettare의 직설법 현재 3인칭 복수 형태(→ 제 7과 84페이지 참고).
• benissimo	아주 좋은. 부사 bene의 절대적 최상급 형태(→ 제 9과 109페이지 참고).
• bevo	(나는) ~을/를 마신다. 술을 마신다. 동사 bere의 직설법 현재 1인칭 단수 형태(→ 제 8과 95페이지 참고).
• chiama	~을/를 부르다. 동사 chiamare의 직설법 현재 3인칭 단수 형태(→ 제 7과 84페이지 참고).
• certo	물론.
• chi	누구.
• compleanno	생일.
• comprare	~을/를 구입하다.
• conosci	(너는) ~을/를 안다. 동사 conoscere의 직설법 현재 2인칭 단수 형태(→ 제 7과 85페이지 참고).
• conosco	(나는) ~을/를 안다. 동사 conoscere의 직설법 현재 1인칭 단수 형태(→ 제 7과 85페이지 참고).
• coreano	한국인 남자.
• desidera	(당신은, 그는) ~을/를 요구하다. 동사 desiderare의 직설법 현재 3인칭 단수 형태(→ 제 7과 84페이지 참고).
• etti	그램(g). un etto : 100 g.
• festa	잔치, 파티, 축제.
• invitare	~을/를 초대하다.
• mio	나의.
• marito	남편.
• moglie	아내.

• metto	(나는) ~을/를 놓다. 동사 mettere의 직설법 현재 1인칭 단수 형태(→ 제 7과 85페이지 참고).
• poi	그러고 나서.
• prendo	(나는) ~을/를 잡는다, 먹는다. 동사 prendere의 직설법 현재 1인칭 단수 형태(→ 제 7과 85페이지 참고).
• stazione	역(驛).
• tavolo	테이블, 탁자.
• voglio	(나는) ~을/를 원한다. 동사 volere의 직설법 현재 1인칭 단수 형태(→ 제 8과 99페이지 참고).
• vorrei	(나는) ~을/를 원하다. 동사 volere의 조건법 현재 1인칭 단수 형태(→ 제 17과 189페이지 참고).
• vuoi	(너는) ~을/를 원한다. 동사 volere의 직설법 현재 2인칭 단수 형태(→ 제 8과 99페이지 참고).

2단계

문법 따라잡기

인칭대명사(Pronomi personali)

자신의 이름을 대신하는 인칭대명사는 주어역할을 하는 '주격 인칭대명사'와 목적어의 역할을 하는 '목적격 인칭대명사', 동사의 재귀형태를 만들기 위해 사용하는 '재귀 인칭대명사'가 있다.

주격 인칭대명사

주격 인칭대명사는 우리가 이미 알고 있는 내용이다. 주격 인칭대명사는 말하는 사람을 지시하는 '1인칭 주격대명사', 듣는 사람을 지시하는 '2인칭 주격대명사', 말하는 사람도 듣는 사람도 아닌 제 3자를 지시하는 '3인칭 주격대명사'로 분류하며, 수(數)에 따라 다음과 같이 단수와 복수 형태로 구분한다.

	단 수	복 수
1인칭	io (나)	noi (우리들)
2인칭	tu (너)	voi (너희들, 당신들)
3인칭	lui (그 남자) / lei (그 여자) Lei (당신)	loro (그 남자들) / loro (그 여자들)

앞서 언급했듯이 이탈리아어에서는 주어에 따라 동사의 형태가 모두 변하기 때문에 거의 대부분 주어를 생략한다.

(Io) Sono tuo marito.　　나는 네 남편이다.
(Tu) Sei mia moglie.　　너는 내 아내이다.
(Lui) È suo marito.　　그 남자는 그녀의 남편이다.
(Lei) È sua moglie.　　그 여자는 그 남자의 아내이다.

목적격 인칭대명사

목적격 인칭대명사에는 '나를, 너를…' 등 사람을 지시하는 '직접목적인칭대명사'와, '나에게, 너에게…' 등을 나타내는 '간접목적인칭대명사'가 있다. 이번 과에서는 '직접목적인칭대명사'를 학습하기로 한다.

직접목적인칭대명사

'직접목적인칭대명사'는 앞에 나온 사람을 직접 대신하는 품사이다. '직접목적인칭대명사' 형태에는 동사의 앞에 사용되는 '약형'과 동사 뒤에 사용되는 '강형'이 있는데 일반적으로 '약형'을 더 많이 사용한다. 해석은 '~을/를'로 한다.

다음은 일반적으로 더 많이 사용되는 직접목적인칭대명사 '약형'의 형태이다. '약형'의 위치는 '동사 앞'이다.

1. 직접목적인칭대명사 약형

Anna	**mi** (나를)	incontra.	안나는 나를 만난다.
	ti (너를)		안나는 너를 만난다.
	lo (그 남자를)		안나는 그 남자를 만난다.

Anna	**la** (그 여자를)	incontra.	안나는 그 **여자를** 만난다.
	La (당신을)		안나는 **당신을** 만난다.
	ci (우리들을)		안나는 **우리를** 만난다.
	vi (너희들을, 당신들을)		안나는 **너희들(당신들)을** 만난다.
	li (그 남자들을)		안나는 **그 남자들을** 만난다.
	le (그 여자들을)		안나는 **그 여자들을** 만난다.

   위에 제시한 직접목적인칭대명사 중에서 **lo**, **la**, **li**, **le**는 '사물'을 대신 받는 '**직접목적대명사**'로 사용된다. 이 경우에는 사람이 아니라 '사물'을 받기 때문에 '직접목적인칭대명사'라고 하지 않고 '직접목적대명사'라고 한다. 다음의 예문에서와 같이 **lo**는 앞에 나온 '남성 단수'를, **la**는 앞에 나온 '여성 단수'를, **li**는 앞에 나온 '남성 복수'를, **le**는 앞에 나온 '여성 복수'를 받는다.

① Prendo <u>il libro</u> e **lo** metto sul tavolo.
② Prendo <u>la penna</u> e **la** metto sul tavolo.
③ Prendo <u>i libri</u> e **li** metto sul tavolo.
④ Prendo <u>le penne</u> e **le** metto sul tavolo.

   다음은 직접목적인칭대명사 '강형'의 형태이다. '약형'의 위치와는 달리 '강형'의 위치는 '동사 뒤'에 위치한다.

2. 직접목적인칭대명사 강형

Anna	incontra	**me.** (나를)	안나는 나를 만난다.
		te. (너를)	안나는 너를 만난다.
		lui. (그 남자를)	안나는 그 남자를 만난다.
		lei. (그 여자를)	안나는 그 여자를 만난다.
		Lei. (당신을)	안나는 당신을 만난다.
		noi. (우리들을)	안나는 우리를 만난다.
		voi. (너희들을, 당신들을)	안나는 너희들(당신들)을 만난다.
		loro. (그들을)	안나는 그들을 만난다.

3. 부분 대명사 Ne

부분을 나타내는 대명사인 ne는 nessuno(아무도 없는), 또는 일부분의 수량을 나타내는 단어와 함께 사용된다. 전부를 나타내는 tutto(-i, -a, -e)는 lo, la, li, le와 같이 사용한다.

Quanti amici italiani hai? 너는 이탈리아 친구 몇 명 있니?
Ne ho **due**. 두 명 있어.

Signora, vuole del pane? 부인, 빵 드릴까요?
Sì, **ne** vorrei **un** chilo. 예, 1 킬로 주세요.

Conosci quei ragazzi? 너는 저 소년들을 아니?
No, non **ne** conosco **nessuno**. 아니, 나는 그들을 아무도 몰라.

Conosci quei ragazzi? 너는 저 소년들을 아니?
Sì, **li** conosco **tutti**. 응, 그들을 모두 알아.

* 직접목적대명사가 조동사와 같이 사용되는 경우의 위치는 조동사 앞 또는 본동사의 뒤에 올 수 있다. 본동사 뒤에 오는 경우는 동사원형의 끝모음을 제거하고 직접대명사를 위치시킨다.

Mi puoi accompagnare alla stazione? 나를 역에 데려다 줄 수 있니?
= Puoi accompagnar**mi** alla stazione?
Lo voglio comprare. 나는 그것을 사고 싶다.
= Voglio comprar**lo**.

관계대명사

앞에 위치한 선행사를 대신하며 동시에 뒤따르는 절을 연결하는 접속사 역할을 하므로 '관계대명사' 라고 한다. 대표적인 관계대명사는 che, cui, chi이다.

1. 관계대명사 Che.

① 관계대명사 che는 전치사를 동반하지 않는다.
② 주어로서의 역할과 목적어로서의 역할을 한다.
③ 형태는 선행사의 성수에 관계없이 언제나 che이다.

1) 주어로서의 역할

① **Carlo** è **un ragazzo**.   까를로는 소년이다.

② **Lui** parla bene tre lingue straniere.   그는 세 개의 외국어를 잘한다.

① + ② : Carlo è un ragazzo **che**(= lui) parla bene tre lingue straniere.

        까를로는 소년인데 그는 세 개의 외국어를 잘한다.

        → 마리오는 세 개의 외국어를 잘하는 소년이다.

위 두 문장 ① 과 ②를 살펴보면 '주어가 동일'하다. 그러므로 관계대명사 che는 선행사 un ragazzo를 받아 parla의 '주어' 역할을 한다.

2) 목적어로서의 역할

① **Anna** è **una ragazza**.   안나는 소녀이다.

② (Io) **La** conosco bene.   나는 그녀를 잘 안다.

① + ② : Anna è una ragazza che conosco bene.

        안나는 소녀인데 나는 그녀를 잘 안다.

        → 안나는 내가 잘 아는 소녀이다.

위 두 문장 ① 과 ②를 살펴보면 '주어가 동일하지 않다' (①의 주어는 Anna, ②의 주어는 Io). 이 경우 관계대명사 che는 직접목적인칭대명사 약형 'la(그녀를)'를 대신하며 문장을 연결하는 역할을 한다. 그러므로 이 경우에 관계대명사 che는 목적어 역할을 한다.

2. 관계대명사 Cui.

① 관계대명사 cui는 전치사를 반드시 동반한다('~에게'를 의미하는 전치사 a의 경우는 생략 가능).
② 간접목적보어(전치사가 동반되는 목적보어)를 대신하기 위해 사용된다.
③ 형태는 성수에 관계없이 언제나 cui이다.

① Questo è Paolo.   이 아이가 빠올로이다.

② Telefono spesso **a lui**.   나는 그에게 종종 전화를 한다.

①+② : Questo è Paolo **a cui** telefono spesso.

　　　이 아이가 빠올로인데 나는 그에게 종종 전화를 한다.

* 위 문장의 경우 a cui에서 전치사 a는 생략이 가능하다.
* Cui 앞에 사용해야 하는 전치사는 두 번째 문장에서 간접보어로 사용되는 전치사
가 무엇인지를 보면 된다.

예문

① Questo è Paolo.　　　　　　　이 아이가 빠올로이다.

② Passo il tempo libero **con lui**.　나는 그와 여가 시간을 보낸다.

①+② : Questo è Paolo **con cui** passo il tempo libero.

　　　이 아이가 빠올로인데 나는 **그와 함께** 여가 시간을 보낸다.

예문

① Quella è Maria.　　　　　　　저 아이가 마리아이다.

② Ho imparato molte cose **da lei**.　나는 그녀로 부터 많은 것을 배웠다.

①+② : Quella è Maria **da cui** ho imparato molte cose.

　　　이 아이가 마리아인데 나는 그녀로부터 많은 것을 배웠다.

예문

① Quella è Maria.　　　　　　　저 아이가 마리아이다.

② Ti ho già parlato **di lei**.　　　나는 네게 이미 그녀에 대해 말했다.

①+② : Quella è Maria **di cui** ti ho già parlato.

　　　이 아이가 마리아인데 나는 네게 이미 **그녀에 대해서** 말했다.

앞서 사용한 전치사 a, con, da, di 이외에도 문장에 따라 in, su, per 등의 전치
사를 cui와 함께 사용할 수 있다.

Cui는 정관사(il, la, i, le)와 같이 사용되어 '소유'를 의미하는 관계대명사로 사용
된다. dl이 경우 cui앞에 위치하는 정관사의 형태는 cui 뒤에 오는 명사의 성(性)·
수(數)와 일치되어야 한다.

예문

Conosco la signora Paola, **il cui** figlio studia in Italia.

나는 빠올라 부인을 아는데, 그의 아들은 이탈리아에서 공부한다.

Conosco la signora Paola, **la cui** figlia studia in Svizzera.

나는 빠올라 부인을 아는데, 그의 딸은 스위스에서 공부한다.

Conosco il signor Carlo, **i cui** figli studiano in Australia.

나는 까를로씨를 아는데, 그의 아들들은 호주에서 공부한다.

Conosco il signor Carlo, **le cui** figlie studiano in Spagna.

나는 까를로씨를 아는데, 그의 딸들은 스페인에서 공부한다.

3. 관계대명사 Chi.

① 관계대명사 chi는 '~하는 사람은' 또는 '~ 하는 자는'이라고 해석한다.

② 전치사를 동반할 수도 있고, 단독으로 사용될 수도 있다.

③ 동사의 3인칭 단수 형태와 사용되며, 속담, 격언 등에서 많이 나타나 있다.

④ 형태는 성수에 관계없이 언제나 chi이다.

Chi vivrà, vedrà.　　　　　　살아있는 자는 볼 것이다.

Chi non lavora, non mangia.　　일하지 않는 사람은 먹지 못한다.

Chi dorme non piglia pesci.　　잠자는 사람을 물고기를 잡지 못한다.

Chi trova un amico, trova un tesoro.

친구를 발견한 사람은 보석을 발견한 것이다.

Chi arriva tardi non può entrare.　늦게 도착하는 사람은 들어갈 수 없다.

La borsa di studio andrà **a chi** passa l'esame.

장학금은 시험을 통과하는 사람에게 주어질 것이다.

*Chi는 문장에 따라 그 역할이 다양하기 때문에 해석에 있어서 주의를 기울여야 한다.

Chi cerca trova.　　　　　　구하는 사람은 발견한다. (chi : 관계대명사)

Chi è quella signorina?　　　저 아가씨는 누구지? (chi : 의문대명사)

Chi parla bene l'italiano, **chi** non lo parla bene.

어떤 사람은 이탈리아어를 잘하고, 어떤 사람은 잘 하지 못한다. (chi : 부정대명사)

표현 따라하기) [Ascolto 듣기 63]

대명사 사용 표현 익히기

Uomo : Conosci Mario?
꼬노쉬　마리오

Donna : Sì, lo conosco.
시　로　꼬노스꼬

남자 : 마리오를 아니?
여자 : 응, 그를 알아.

Uomo : Conosci Anna?
꼬노쉬　안나

Donna : Sì, la conosco.
시　라　꼬노스꼬

남자 : 안나를 아니?
여자 : 응, 그녀를 알아.

Uomo : Conosci Marco e Roberta?
꼬노쉬　마르꼬 에 로베르따

Donna : Sì, li conosco.
시　리　꼬노스꼬

남자 : 마르꼬와 로베르따를 아니?
여자 : 응, 그들을 알아.

Uomo : Conosci Carla e Paola?
꼬노쉬　까를라 에 빠올라

Donna : Sì, le conosco.
시　레　꼬노스꼬

남자 : 까를라와 빠올라를 아니?
여자 : 응, 그녀들을 알아.

상황 익히기　[Ascolto 듣기 64]

상황 1

Uomo : Io bevo un caffè. Laura, cosa vuoi prendere?
　　　이오 베보 운 카페 라우라 꼬자 부오이 쁘렌데레

Donna : Lo prendo anch'io.
　　　로 쁘렌도 앙끼오

Uomo : Quanti caffè bevi al giorno?
　　　꽌띠 카페 베비 알 죠르노

Donna : Ne bevo due o tre.
　　　네 베보 두에 오 뜨레

남자 : 나는 커피 마실래. 라우라, 너는 무엇을 마실래?
여자 : 나도 그것을 마실게.
남자 : 너는 하루에 커피를 얼마나 마시니?
여자 : 그것을 두세 잔 마셔.

상황 2

Uomo : Buon giorno signora, desidera?
　　　부온 죠르노 시뇨라 데지데라

Donna : Vorrei del prosciutto cotto.
　　　보레이 델 쁘로슈또 꼿또

Uomo : Quanto ne vuole?
　　　꽌또 네 부올레

Donna : Ne prendo due etti.
　　　네 쁘렌도 두에 엣띠

남자 : 안녕하십니까, 부인, 무엇을 도와드릴까요?
여자 : 익힌 햄을 원합니다.
남자 : 얼마나 드릴까요?
여자 : 200 그램 원합니다.

함께 연습하기 정답 : 235p

1. 다음 괄호 안에 알맞은 대명사를 넣고, 우리말로 해석하시오. 축약형이 필요한 곳에는 축약형을 넣으시오.

(1) Conosci quella signora? No, non (　) conosco.

(2) Quando ascolti la musica? (　) ascolto dopo cena.

(3) Prendi il caffè? Sì, (　) prendo.

(4) Inviti le tue amiche? Sì, (　) invito.

(5) Vuoi i miei dischi? Si, (　) voglio.

(6) Paolo è un ragazzo italiano (　) studia nella nostra università.

(7) Anna è una ragazza (　) incontro spesso.

(8) Maria è la ragazza (　) esco spesso.

(9) Paolo e Maria sono i miei amici (　) compro un regalo.

(10) (　) mangia troppo ingrassa.

2. 다음을 우리말로 해석하시오.

(1) Conosci quel ragazzo? No, non lo conosco.

(2) Conosci questi ragazzi? Sì, li conosco bene.

(3) Aspettate Paola? Sì, l'aspettiamo.

(4) Aspettano Paola e Laura? Sì, le aspettano.

(5) Quando finisci quel lavoro? Lo finisco fra un'ora.

(6) Chi viene in Italia visita Venezia.

(7) Questo è il negozio in cui compro i miei vestiti.

(8) Marco è il mio amico da cui vado a cena spesso.

(9) Questo è il film che Paolo vuole vedere.

(10) Questo è il treno che ferma solo a Roma.

3. 다음을 이탈리아어로 작문하시오. 대답에는 직접목적대명사 약형을 사용하시오. (6)~(10)번은 관계대명사를 사용하시오.

(1) 너는 Maria를 아니? 응, 나는 그녀를 알아(사람을 알다 : conoscere).

⑵ 너는 Carlo와 Anna를 아니? 아니, 나는 그들을 알지 못해.

⑶ 너희들은 Roberta와 Gianna를 아니? 응, 우리는 그녀들을 알아.

⑷ Roberto야, 네가 길을 모르면, 내가 너를 데려다 줄께.(만일 ~이라면 : se)

　　(~을/를 데려다 주다 : accompagnare).

⑸ 너는 Mario가 어디에 있는지 아니? 아니, 나는 그것을 몰라.

⑹ 이 아이는 Carla인데 기차로 여행을 많이 한다(여행을 하다 : viaggiare).

⑺ 이 영화를 보러 가는 사람은 줄을 서야만 한다(줄을 서다 : fare la coda).

⑻ 이것은 Mario가 항상 구입하는 신문이다.(~을/를 구입하다 : comprare).

⑼ 이 아이가 Anna인데 나는 그녀에게 자주 전화를 한다.

　　(전화를 하다 : telefonare).

⑽ 최후에 웃는 자가 잘 웃는 것이다.(최후에 : l'ultimo. 웃음을 웃다 : ridere).

4. 이번 과 첫 부분의 대화를 듣고 다음 괄호 안을 채우시오.

La festa di compleanno.

Mario : Chi (①　　　　) invitare per la festa del tuo (②　　　　　　)?

Laura : Vorrei invitare Chulsoo, un mio amico coreano.

　　　　(③　　　) conosci?

Mario : Certo, lo conosco (④　　　　　　). E poi?

Laura : Anna. (⑤　　　　) conosci anche?

Mario : No, non la conosco.

5. 책을 덮은 상태에서 이번 과에 녹음된 자료를 듣고 큰 소리로 따라하시오.

11

간접목적인칭대명사 (Pronomi indiretti personali), 재귀대명사 (Pronomi riflessivi), 혼합대명사 (Pronomi combinati)

Ti piace la cucina italiana?
너는 이탈리아 요리를 좋아하니?

🎧 [Ascolto 듣기 65]

Mario : **Ti** piace la cucina italiana?
띠 삐아체 라 꾸치나 이딸리아나

Laura : Sì, **mi** piace molto.
시 미 삐아체 몰또

Mario : Quale piatto **ti** piace?
꽐레 삐앗또 띠 삐아체

Laura : **Mi** piace la pasta.
미 삐아체 라 빠스따

마리오 : 너는 이탈리아 요리를 좋아하니?
라우라 : 응, 매우 좋아해.
마리오 : 너는 어떤 음식을 좋아하니?
라우라 : 나는 파스타를 좋아해.

단어와 숙어 익히기

• alzarsi	자리에서 일어나다.
• cedo	(나는) ~을/를 양보한다. 동사 cedere의 직설법 현재 1인칭 단수 형태(→ 제 7과 85페이지 참고).
• compleanno	생일.
• cucina italiana	이탈리아 요리. cucina : 요리, 부엌. italiana : 이탈리아의. 앞에 위치한 명사 cucina를 수식하는 품질형용사. 국적을 나타내는 형용사는 항상 명사의 뒤에 위치한다(→ 제 4과 51페이지 참고).
• gentile	친절한.
• La ringrazio	나는 당신께 감사를 드립니다. La : 당신을. 직접목적인칭대명사 약형 2인칭 단수 형태. ringrazio : (나는) 감사한다. 동사 ringraziare의 직설법 현재 1인칭 단수 형태로 직접목적인칭대명사 약형과 결합한다. 우리말로 '당신께 감사드린다' 라는 표현을 하기 위해서 이탈리아어의 간접목적인칭대명사 약형 Le를 사용해야 하는 것 같지만, 조금 전에 설명했듯이 ringraziare는 직접목적인칭대명사 약형과 같이 사용되므로 La를 사용해야 한다(→ 제 10과 118페이지 참고).
• mi piace	나는 ~을 좋아한다. 직역하면 '나에게는 ~이 좋다' 이다. mi : 나에게. 간접목적인칭대명사 약형 1인칭 단수 형태.
• regalare	~을/를 선물하다.
• piace	좋아하다. 동사 piacere의 직설법 현재 3인칭 단수 형태. 동사 piacere는 3인칭 단수 형태 혹은 3인칭 복수 형태로만 사용된다. piace+단수 명사. 예 : Mi piace la pizza. 나는 피자를 좋아한다. / piacciono+복수 명사. 예 : Mi piacciono le pizze. 나는 피자들을 좋아한다.
• piatto	요리, 접시.

• pasta		파스타. 밀가루로 만든 이탈리아 요리의 총칭.
• quale		어느 것.
• ringraziare		감사하다.
• ti piace		너는 ~을 좋아한다. 직역하면 '네게는 ~이 좋다' 이다.
		ti : 네게. 간접목적인칭대명사 약형 2인칭 단수 형태.
• una rosa		장미.
• vedere		~을/를 보다.
• spesso		자주, 종종.
• sport		스포츠.

문법 따라잡기

간접목적인칭대명사

간접목적인칭대명사에는 **'약형'** 과 **'강형'** 이 있다.
일반적으로 '약형' 을 더 많이 사용한다.
간접목적인칭대명사 **약형은 동사 앞에 위치한다.**

1. 간접목적인칭대명사 약형

Anna	**mi** (나에게)		안나는 **나에게** 장미를 선물한다.
	ti (너에게)		안나는 **네게** 장미를 선물한다.
	gli (그 남자에게)		안나는 **그 남자에게** 장미를 선물한다.
	le (그 여자에게)		안나는 **그 여자에게** 장미를 선물한다.
	Le (당신에게)	regala una rosa.	안나는 **당신에게** 장미를 선물한다.
	ci (우리들에게)		안나는 **우리들에게** 장미를 선물한다.
	vi (너희들에게, 당신들에게)		안나는 **너희들(당신들)에게** 장미를 선물한다.
	gli (그들에게)		안나는 **그들에게** 장미를 선물한다. = Anna offre **loro** una rosa.

* '당신에게'라고 할 경우에는 반드시 'Le'의 'L'자를 '대문자'로 표기해야 한다.
간접목적인칭대명사 강형은 동사 뒤에 위치한다.

2. 간접목적인칭대명사 강형

Anna	regala una rosa	**a me**.(나에게)	안나는 나에게 장미를 선물한다.
		a te.(너에게)	안나는 네게 장미를 선물한다.
		a lui.(그 남자에게)	안나는 그 남자에게 장미를 선물한다.
		a lei.(그 여자에게)	안나는 그녀에게 장미를 선물한다.
		a Lei.(당신에게)	안나는 당신에게 장미를 선물한다.
		a noi.(우리들에게)	안나는 우리들에게 장미를 선물한다.
		a voi.(너희들에게, 당신들에게)	안나는 너희들(당신들)에게 장미를 선물한다.
		a loro.(그들에게)	안나는 그들에게 장미를 선물한다.

재귀대명사

'재귀대명사'는 주어가 행한 행동이 다시 주어에게 돌아올 때 사용되는 대명사이다.

(Io)	**Mi** alzo.	나는 일어난다.
(Tu)	**Ti** alzi.	너는 일어난다.
(Lui, Lei, Lei)	**Si** alza.	그(그녀, 당신)는 일어난다.
(Noi)	**Ci** alziamo.	우리는 일어난다.
(Voi)	**Vi** alzate.	너희들은 일어난다.
(Loro)	**Si** alzano.	그들은 일어난다.

재귀대명사 중에서 '상호적인 것을 표현하는 재귀대명사'가 있는데, 이와 같은 재귀대명사를 '상호재귀대명사'라고 한다. '상호재귀대명사'의 형태는 **ci**(우리는 서로), **vi**(너희들은 서로), **si**(그들은 서로)가 있다. 즉, '상호재귀대명사'는 상호적인 것을 나타내기 때문에 반드시 복수형태만 사용한다.

① Io ti vedo spesso.   나는 너를 자주 본다.

  Tu mi vedi spesso.   너는 나를 자주 본다.

  → (Noi) **Ci** vediamo spesso.   우리는 서로 자주 본다.

② Tu vedi spesso Carlo.   너는 까를로를 자주 본다.

  Carlo ti vede spesso.   까를로는 너를 자주 본다.

  → (Voi) **Vi** vedete spesso.   너희들은 서로 자주 본다.

③ Piero vede spesso Luisa.   삐에로는 루이자를 자주 본다.

  Luisa vede spesso Piero.   루이자는 삐에로를 자주 본다.

  → (Loro) **Si** vedono spesso.   그들은 서로 자주 본다.

혼합(결합)대명사

'간접목적인칭대명사의 약형'과 사물을 받는 '직접목적대명사의 약형'인 lo, la, li, le가 결합된 형태를 '혼합(결합)대명사' 라고 한다.

'혼합(결합)대명사' 의 형태는 '간접목적인칭대명사 약형＋직접목적대명사 약형' 이다.

예문

① Regalo questo disco a te.   나는 네게 이 음반을 선물한다.

② → Ti regalo questo disco.   나는 네게 음반을 선물한다.

③ → Ti lo regalo.   나는 네게 그것을 선물한다.

④ → Te lo regalo.   나는 네게 그것을 선물한다.

① 간접 목적 인칭대명사 강형 a te(너에게)는 간접 목적 인칭대명사 약형 ti로 대신한다. 이 경우에 간접 목적 인칭대명사의 약형 ti는 동사 앞에 위치해야 함으로써 ②의 문장이 된다. 그 다음으로 questo disco는 '남성 단수' 이므로 직접목적대명사의 약형 lo로 대신한다. 이 경우에 직접목적대명사의 약형 lo도 동사 앞에 위치해야 한다. 순서에 있어서 **간접목적인칭대명사 약형이 직접목적대명사 약형보다 앞에 위치해야 함으로 ③의 문장이 된다. 하지만 이 경우에 Ti의 i는 e로 바뀐다(mi, ci, vi 의 경우도 마찬가지 → 아래에 있는 간접목적인칭대명사 약형 + 직접목적대명사 약형 형태 참고). 그러므로 결국 ④의 문장 'Te lo regalo' 가 된다.**

예문

① Regalo questa penna a te.   나는 네게 이 펜을 선물한다.

② → Ti regalo questa penna.	나는 네게 이 펜을 선물한다.
③ → Ti la regalo.	나는 네게 그것을 선물한다.
④ → Te la regalo.	나는 네게 그것을 선물한다.

혼합대명사(간접목적인칭대명사 약형 + 직접목적대명사 약형)

간목+직목 약형　약형	
mi　　lo	me lo, me la, me li, me le
ti　+　la	te lo, te la, te li, te le
ci　　li	ce lo, ce la, ce li, ce le
vi　　le	ve lo, ve la, ve li, ve le

'혼합대명사'에서 **중요한 점**은 간접대명사인 'gli(그 남자에게), le(그 여자에게), Le(당신에게), gli(loro 그들에게)'가 직접대명사인 'lo, la, li, le와 결합하면 **간접 대명사가 모두 'gli'**로 변한다는 점이다.

	lo		**gli**elo
gli	la		**gli**ela
le　+	li	=	**gli**eli
Le	le		**gli**ele
	ne		**gli**ene

* Le(당신에게)+lo, la, li, le의 경우는 문장 중간에 오더라도 Glielo, Gliela...처럼 G 를 대문자로 표기한다.

예문

① Regalo questa penna a lui.	나는 그 남자에게 이 펜을 선물한다.
② → **Gli** regalo **questa penna**.	나는 그 남자에게 이 펜을 선물한다.
③ → **Gli la** regalo.	나는 그 남자에게 그것을 선물한다.(X).
④ → **Gliela** regalo.	나는 그 남자에게 그것을 선물한다.(O)

① Regalo questa penna a lei.	나는 그녀에게 이 펜을 선물한다.
② → **Le** regalo **questa penna**.	나는 그녀에게 이 펜을 선물한다.

③ → **Le la** regalo.　　　　　　나는 그녀에게 그것을 선물한다.(X)
④ → **Gliela** regalo.　　　　　나는 그녀에게 그것을 선물한다.(O)

① Regalo questa penna a Lei.　　나는 당신에게 이 펜을 선물한다.
② → **Le** regalo **questa penna**.　나는 당신에게 이 펜을 선물한다.
③ → **Le la** regalo.　　　　　　나는 당신에게 그것을 선물한다.(X)
④ → **Gliela** regalo.　　　　　나는 당신에게 그것을 선물한다.(O)

상기한 예문에서 보듯이 혼합대명사는 최종 형태가 동일한 경우가 있으므로, 앞의 문장을 잘 살펴보아야 한다.

3단계

표현 따라하기  [Ascolto 듣기 66]

간접목적인칭대명사 사용해서 표현하기

Uomo : Quale sport ti piace?
　　　꽐레　스뽀르뜨 띠 삐아체

Donna : Mi piace il calcio.
　　　미 삐아체 일　깔쵸

＊piace＋단수 명사
남자 : 너는 어떤 스포츠를 좋아하니?
여자 : 나는 축구를 좋아해.

Uomo : Quale piatto ti piace?
　　　꽐레　삐앗또 띠 삐아체

Donna : Mi piacciono gli spaghetti.
　　　미　삐아쵸노　리　스빠겟띠

＊piacciono＋복수 명사
남자 : 너는 어떤 요리를 좋아하니?
여자 : 나는 스파게티를 좋아해.

Uomo : Che cosa ti piace fare?
께 꼬자 디 삐아체 파레

Donna : Mi piace cucinare.
미 삐아체 꾸치나레

* piace＋동사원형
남자 : 너는 무엇 하는 것을 좋아하니?
여자 : 나는 요리하는 것을 좋아해.

혼합대명사 사용해서 표현하기

Uomo : Signorina, mi può presentare la Sua amica?
시뇨리나 미 뿌오 쁘레젠따레 라 수아 아미까

Donna : Certo, Gliela presento senz'altro.
체르또 리엘라 쁘레젠또 센잘뜨로

남자 : 아가씨, 당신의 여자 친구를 제게 소개시켜주시겠어요?
여자 : 물론이죠. 당신에게 그녀를 틀림없이 소개하겠습니다.

Uomo : Laura, mi presti la tua macchina?
라우라 미 쁘레스띠라 뚜아 마끼나

Donna : Sì, te la presto.
시 떼 라 쁘레스또

남자 : 라우라, 네 차를 내게 빌려주겠니?
여자 : 그럼, 네게 그것을 빌려줄게.

4 단계

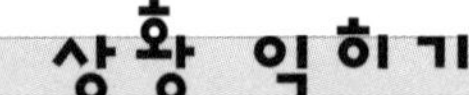

🎧 [Ascolto 듣기 67]

상황 1

Uomo : Che cosa regali a Luisa per il suo compleanno?
께 꼬자 레갈리 아 루이자 뻬르 일 수오 꼼쁠레안노

Donna : Le regalo un libro.
레 레갈로 운 리브로

Uomo : A Mario?
아 마리오

Donna : Gli regalo una penna.
　　　　리　레갈로 우나　뻰나

남자 : 너는 루이자에게 그녀의 생일을 위해 무엇을 선물하니?
여자 : 나는 그녀에게 책을 선물해.
남자 : 마리오에게는?
여자 : 나는 그에게 펜을 선물해.

상황 2

Uomo : Signorina, quando telefona a Suo padre?
　　　시뇨리나　　꽌도　떼레포나 아 수오 빠드레

Donna : Gli telefono oggi.
　　　　리　떼레포노　옷지

Uomo : Alla Sua amica?
　　　알라 수아　아미까

Donna : Le telefono domani.
　　　　레　떼레포노　도마니

남자 : 아가씨, 언제 당신의 아버지에게 전화할 것입니까?
여자 : 나는 그에게 오늘 전화할 것입니다.
남자 : 당신의 여자 친구에게는?
여자 : 나는 그녀에게 내일 전화할 것입니다.

5 단계

함께 연습하기 정답 : 236p

1. 다음 괄호 안에 알맞은 대명사를 넣고, 우리말로 해석하시오.

(1) Quando scrivi a Mario? (　　) scrivo oggi.

(2) Quando scrivi a Anna? (　　) scrivo domani.

(3) Signor Paolo, che cosa regala ai Suoi genitori?

　　(　　) regalo alcuni dischi.

(4) Ti piacciono questi libri? Sì, (　　) piacciono.

(5) Vi piace questo libro? No, non (　　) piace.

2. 다음을 우리말로 해석하시오.

(1) Mi piace sciare.

(2) Ti presento mio padre.

(3) Ti piacciono queste canzoni?

(4) Le telefono oggi.

(5) Vi regalo alcuni dischi.

3. 다음을 이탈리아어로 작문하시오.

(1) 너는 이 책(libro)을 좋아하니? 응, 나는 좋아해.

(2) 너는 이 책들(libri)을 좋아하니? 아니, 나는 싫어해.

(3) 로베르또, 너는 네 여자 친구에게 무엇을 선물하니?(선물하다 : regalare)
    나는 그녀에게 펜을 선물한다.

(4) 라우라, 너는 네 남자 친구에게 무엇을 선물하니?
    나는 그에게 책을 선물한다.

(5) 우리는 이 노래(questa canzone)를 좋아한다.

4. 이번 과 첫 부분의 대화를 듣고 다음 괄호 안을 채우시오.

Mario : (①　　　) piace la (②　　　　) italiana?

Laura : Sì, (③　　) piace molto.

Mario : (④　　　　) piatto preferisci?

Laura : (⑤　　　　) la pasta.

5. 책을 덮은 상태에서 이번 과에 녹음된 자료를 듣고 큰 소리로 따라하시오.

직설법 근과거
(Indicativo : passato prossimo)

Laura, perché non sei venuta a scuola ieri?
라우라, 너는 왜 어제 학교에 오지 않았니?

🎧 [Ascolto 듣기 68]

Mario : Laura, perché non **sei venuta** a scuola ieri?

Laura : Perché **ho avuto** vacanza.

Mario : Io invece **sono stato** a scuola e **ho studiato**.

Laura : Che cosa **hai studiato**?

Mario : **Ho studiato** la grammatica italiana.

마리오 : 라우라, 너는 왜 어제 학교에 오지 않았니?
라우라 : 방학이었기 때문이야.
마리오 : 나는 반면에 학교에 있었고 공부를 했어.
라우라 : 너는 무엇을 공부했니?
마리오 : 나는 이탈리아어 문법을 공부했어.

단어와 숙어 익히기

• a scuola	학교에. a : ~곳에. 전치사. 이곳에서는 '장소'를 나타내는 용도로 사용되었다. scuola : 학교.
• andare al cinema	영화보러 가다.
• che cosa	무엇(= che, = cosa).
• dare un'occhiata	잠깐 살펴보다.
• domenica scorsa	지난 일요일. domenica : 일요일. scorso : 지난번의. 앞에 위치한 명사 sabato를 수식하는 품질형용사. 명사 sabato가 남성 단수이므로 명사와 형용사의 성수일치에 의해 scorso이다(→ 제 4과 49~50페이지 참고).
• famiglia	가족.
• hai studiato	(너는) 공부를 했다. 직설법 근과거 형태. hai : (너는) ~을/를 가지다. 이 문장에서 avere동사는 원래의 의미를 갖지 않고 뒤에 위치한 studiato와 결합하여 '직설법 근과거' 시제를 형성하는 보조적인 역할을 담당한다. 그러므로 이 경우의 avere 동사를 '보조동사(verbo ausiliare)'라고 한다. 이 경우는 뒤에 위치한 studiato가 목적어를 필요로 하는 타동사이므로 avere 동사를 보조동사로 택했다. studiato : 동사 studiare(~을/를 공부하다, 공부를 하다)의 과거분사 형태(→ 제 2단계 문법 따라잡기 참고).
• ho avuto	(나는) ~을/를 가졌다. 직설법 근과거 형태. ho : (나는) ~을/를 가지다. 이 문장에서 avere동사는 원래의 의미를 갖지 않고 뒤에 위치한 avuto와 결합하여 '직설법 근과거' 시제를 형성하는 보조적인 역할을 담당한다. 그러므로 이 경우의 avere 동사를 '보조동사(verbo ausiliare)'라고 한다. 이 경우는 뒤에 위치한 avuto가 목적어를 필요로 하는 타동사이므로 avere 동사를 보조동사로 택했다. avuto : 동사 avere(~을/를 가지다)의 과거분사 형태(→ 제 2단계 문법 따라잡기 참고).

• ho studiato	(나는) 공부를 했다. 직설법 근과거 형태. ho : (나는) ~을/를 가지다. 이 문장에서 avere동사는 원래의 의미를 갖지 않고 뒤에 위치한 studiato와 결합하여 '직설법 근과거' 시제를 형성하는 보조적인 역할을 담당한다. 그러므로 이 경우의 avere 동사를 '보조동사(verbo ausiliare)' 라고 한다. 이 경우는 뒤에 위치한 studiato가 목적어를 필요로 하는 타동사이므로 avere 동사를 보조동사로 택했다. studiato 동사 studiare(~을/를 공부하다, 공부를 하다)의 과거분사 형태(→ 제 2단계 문법 따라잡기 참고).
• ieri	어제.
• incontrare	~을/를 만나다.
• invece	반대로.
• invitare	~을/를 초대하다.
• la grammatica italiana	이탈리아어 문법. grammatica : 문법. italiana : 이탈리아의. 앞에 위치한 명사 grammatica를 수식하는 품질형용사이다. 명사 grammatica가 여성 단수이므로 명사와 형용사의 성수일치에 의해 italiana이다. 남성 단수 명사를 수식한다면 italiano이어야 한다. 국적을 나타내는 형용사는 반드시 명사 뒤에 위치한다(→ 제 4과 51페이지 참고).
• la sua macchina	그의(그녀의) 자동차. la : 여성 단수 명사 또는 여성 단수 형용사 앞에 사용하는 정관사. sua : 그의(그녀의). 뒤에 위치한 명사 macchina가 여성 단수이므로 명사와 형용사의 성수일치에 의해 sua이다(→ 제 6과 72~73페이지 참고). macchina : 자동차.
• le parole	말, 단어.
• mangiare	식사를 하다, 밥을 먹다.
• perché	왜, 왜냐하면.
• preferire	~을/를 더 좋아하다, 선호하다.
• professore	선생님, 교수.
• sabato scorso	지난 토요일. sabato : 토요일. scorso : 지난번의. 앞에 위치한 명사 sabato를 수식하는 품질형용사. 명사

sabato가 남성 단수이므로 명사와 형용사의 성수일치
에 의해 scorso이다(→ 제 4과 49~50페이지 참고).

- sei venuta (너는) 왔다. 직설법 근과거 형태. sei : 동사 essere의
  직설법 현재 2인칭 단수 형태로 이곳에서는 직설법 근
  과거 시제를 만들기 위한 보조동사로 사용되었다.
  venuta : 동사 venire의 과거분사 형태. 주어인 tu가
  여성 단수이므로 주어와의 성수일치에 의해 venuta이
  다. 만일에 주어가 남성 단수라면 venuto이어야 한다
  (→ 제 2단계 문법 따라잡기 참고).

- sono stato (나는) 머물렀다.
- stazione 역(驛).
- telefonino 휴대폰(= cellullare.)
- vacanza 휴가, 방학.

문법 따라잡기

'직설법'에는 '과거 시제'가 5가지(근과거, 반과거, 원과거, 대과거, 선립과거) 있
다. 이 중 '직설법 근과거'는 일상생활에서 가장 많이 사용되는 시제 중 하나이다.
'직설법 근과거'란 현재로부터 가까운(近) 과거(過去)에 실제로 일어났던 행위, 사건
등을 나타내는 방식이다.

직설법 근과거 형태는 위의 대화문에서 굵은체로 표시한 부분으로 본동사에 따라
우리가 이미 6과에서 학습한 essere 혹은 avere 동사의 직설법 현재 형태를 '보조
동사**(Verbi ausiliari)**'로 사용한다.

직설법 근과거 형태

Essere 또는 Avere 동사의	직설법 현재+과거분사(p.p.)

본동사의 '과거분사(Participio passato)' 형태에는 동사에 따라 **규칙 형태**와 **불규칙 형태**가 있다.

'규칙 형태' : 과거분사 형태를 만드는 법은 다음과 같다.

-are → -ato	-ere → -uto	-ire → -ito
and**are** → and**ato**	vend**ere** → vend**uto**	cap**ire** → cap**ito**

예문

Marco **è andato** a Roma.	마르꼬는 로마에 갔다.
Anna **è andata** in Italia.	안나는 이탈리아에 갔다.
Marco **ha venduto** la sua macchina.	마르꼬는 자신의 자동차를 팔았다.
Anna **ha capito** le parole del professore.	안나는 선생님의 말을 이해했다.

불규칙 과거분사 형태

일상생활에서 자주 사용되는 불규칙 과거분사 형태는 다음과 같다.

accendere(~을/를 켜다) → acceso	aprire(~을/를 열다) → aperto	bere(~을/를 마시다) → bevuto
chiedere(요구하다) → chiesto	chiudere(~을/를 닫다) → chiuso	correre(달리다) → corso
decidere (결정하다) → deciso	dire(~을/를 말하다) → detto	discutere(토론을 하다) → discusso
essere(~이다) → stato	fare(~을/를 하다) → fatto	leggere(~을 읽다) → letto
mettere(~을/를 놓다) → messo	morire(죽다) → morto	muovere(~을/를 움직이다) → mosso
nascere(태어나다) → nato	offrire(~을 공급하다) → offerto	perdere(~을/를 잃다) → perso(perduto)
prendere(~을/를 갖다, 취하다, 먹다) → preso	ridere(웃음을 웃다) → riso	rimanere(머물다) → rimasto
rispondere(대답을 하다) → risposto	scegliere(~을/를 선택하다) → scelto	scendere(내려가다) → sceso

scrivere(~을/를 쓰다) → scritto	spegnere(~을/를 끄다) → spento	spendere(비용을 쓰다) → speso
stare(머무르다) → stato	succedere(발생하다) → successo	uccidere(~을/를 죽이다) → ucciso
vedere(~을/를 보다) → visto	venire(오다) → venuto	vincere(승리를 하다) → vinto
	vivere(살다) → vissuto	

보조동사로 Essere 동사 혹은 Avere 동사를 선택하는 방법.

1. Essere 동사를 보조동사로 취하는 경우.

① 목적보어가 필요 없는 대부분의 자동사로 왕래발착을 나타내는 동사 : andare 가다, venire 오다, partire 출발하다, arrivare 도착하다, entrare 들어가다, uscire 외출하다, tornare 돌아오다, ritornare 다시 돌아오다, atterrare 착륙하다, decollare 이륙하다..

* 중요한 점 : 과거분사가 essere 동사를 보조동사로 취할 경우, 과거분사의 어미 형태는 주어의 성수에 따라서 4가지 (주어가 남성 단수 → -o, 주어가 여성 단수 → -a, 주어가 남성 복수 → -i, 주어가 여성 복수 → -e) 형태를 지닌다. 반면에 avere 동사를 보조동사로 취할 경우, 과거분사의 어미 형태는 직접목적대명사 약형이 동사 앞에 위치하는 경우를 제외하고 주어의 성수에 관계없이 항상 -o이다. 이 사항은 essere 동사 혹은 avere동사를 보조동사로 사용하는 이탈리아 문법의 모든 시제에 동일하게 적용된다.

예문

Io <u>sono uscito</u>.	나는 외출했다.(주어인 '나'가 남성인 경우)
Io <u>sono uscita</u>.	나는 외출했다.(주어인 '나'가 여성인 경우)
Marco <u>è uscito</u>.	마르꼬는 외출했다.(주어가 남성 단수 : **-o**)
Laura <u>è uscita</u>.	라우라는 외출했다.(주어가 여성 단수 : **-a**)
I ragazzi <u>sono usciti</u>.	소년들은 외출했다.(주어가 남성 복수 : **-i**)
Le ragazze <u>sono uscite</u>.	소녀들은 외출했다.(주어가 여성 복수 : **-e**)

* 주어가 남성과 여성이 섞여있는 복수인 경우는 '남성 복수'로 취급한다.

Marco e Anna <u>sono usciti</u>.   마르꼬와 안나는 외출했다.

② 장소상태 동사 : rimanere, stare, restare가 '~곳에 머무르다'라는 의미로 사용
   될 때.

Io <u>sono rimasto</u> a casa.   나는 집에 남아 있었다.(주어인 '나'가 **남성**인 경우)
Io <u>sono rimasta</u> a casa.   나는 집에 남아 있었다.(주어인 '나'가 **여성**인 경우)
Marco è <u>rimasto</u> a casa.   마르꼬는 집에 남아 있었다.(주어가 남성 단수 : **-o**)
Laura è <u>rimasta</u> a casa.   라우라는 집에 남아 있었다.(주어가 여성 단수 : **-a**)
I ragazzi sono <u>rimasti</u> a casa.

                        소년들은 집에 남아 있었다.(주어가 남성 복수 : **-i**)
Le ragazze sono <u>rimaste</u> casa.소녀들은 집에 남아 있었다.(주어가 여성 복수 : **-e**)

③ 변화를 나타내는 자동사 : nascere 태어나다(존재하지 않던 것이 생겨나다),
   morire 죽다(살아있던 것이 생명을 잃다), crescere 성장하다, diventare ~이
   되다, invecchiare 늙다, arrossire 얼굴이 붉어지다, tramontare 해가 지다,
   succedere 발생하다.

Io <u>sono nato</u> a Seoul.   나는 서울에서 태어났다.(주어인 '나'가 **남성**인 경우)
Io <u>sono nata</u> a Seoul.   나는 서울에서 태어났다.(주어인 '나'가 **여성**인 경우)
Marco è <u>nato</u> a Milano.마르꼬는 밀라노에서 태어났다. (주어가 남성 단수 : **-o**)
Laura è <u>nata</u> a Milano.   라우라는 밀라노에서 태어났다. (주어가 여성 단수 : **-a**)
I ragazzi <u>sono nati</u> a Roma.

                        소년들은 로마에서 태어났다. (주어가 남성 복수 : **-i**)
Le ragazze <u>sono nate</u> a Roma.

                        소녀들은 로마에서 태어났다.(주어가 여성 복수 : **-e**)

④ 재귀 동사의 복합시제.

Io mi sono vestito.   나는 옷을 입었다.(주어인 '나'가 **남성**인 경우)
Io mi sono vestita.   나는 옷을 입었다.(주어인 '나'가 **여성**인 경우)
Marco si è vestito.   마르꼬는 옷을 입었다. (주어가 남성 단수 : **-o**)

Laura si è vestit**a**.   라우라는 옷을 입었다. (주어가 여성 단수 : **-a**)

I ragazzi si sono vestit**i**.   소년들은 옷을 입었다. (주어가 남성 복수 : **-i**)

Le ragazze si sono vestit**e**.   소녀들은 옷을 입었다. (주어가 여성 복수 : **-e**)

2. Avere 동사를 보조동사로 취하는 경우.

대부분 직접목적보어를 필요로 하는 타동사의 경우로 다음과 같다.

① 직접목적보어를 필요로 하는 타동사 : aspettare : ~을/를 기다리다,
   comprare : ~을/를 구입하다, dare : ~을/를 주다, vendere ~을/를 팔다 등.

예문

Marco ha aspettato l'autobus.   마르꼬는 버스를 기다렸다.
주어   술어   직접목적보어 : 술어와 목적 보어 사이에 **전치사가 없는 경우**

Laura ha aspettato l'autobus.   라우라는 버스를 기다렸다.

I ragazzi hanno aspettato l'autobus.   소년들은 버스를 기다렸다.

Le ragazze hanno aspettato l'autobus. 소녀들은 버스를 기다렸다.

② 자동사 중에서 '직접목적보어의 의미를 포함' 하고 있는 동사로, 직접목적보어를
   필요로 하지 않고 일반적으로 '간접목적보어' 혹은 부사만을 필요로 하는 동사 :
   camminare 걸음을 걷다, cenare 저녁을 먹다, dormire 잠을 자다, parlare 말
   을 하다, passeggiare 산책을 하다, piangere 울음을 울다, ridere 웃음을 웃다,
   telefonare 전화를 걸다, viaggiare 여행을 하다, sorridere 미소를 짓다 등.

예문

Io   ho camminato verso la mia casa. 나는 내 집을 향해 걸음을 걸었다.
주어   술어   간접목적보어 : 술어와 목적보어 사이에 **전치사가 있는 경우**

Abbiamo cenato con la famiglia.   우리는 가족과 함께 저녁 식사를 했다.

Marco ha telefonato alla sua amica. 마르꼬는 그의 여자 친구에게 전화를 걸었다.

Anna ha pianto molto.   안나는 많이 울었다.

I ragazzi hanno parlato con i loro amici.   소년들은 그의 친구들과 말을 했다.

Le ragazze hanno riso troppo.   소녀들을 너무 웃었다.

* Avere 동사를 보조동사로 취하는 경우에도 **직접목적대명사 약형이 동사의 앞에 위
  치하는 경우**, essere 동사를 보조동사로 취하는 경우와 마찬가지로 **직접목적대명사
  약형의 성수에 과거분사의 형태(-o, -a, -i, -e)를 일치시켜야 한다.**

A : Hai incontrato Mari**o**?   너는 마리오를 만났니?

B : Sì, **l'**ho incontrat**o** due giorni fa. 응, 나는 그를 이틀 전에 만났어.

(lo + ho → l'ho 축약)

A : Hai incontrato Luis**a**?　　　　　너는 루이자를 만났니?

B : **L'**ho incontrat**a** due giorni fa.　응, 나는 그녀를 이틀 전에 만났어.

　　(la + ho → l'ho 축약)

A : Hai incontrato i tuoi amic**i**?　　너는 네 남자 친구들을 만났니?

B : **Li** ho incontrat**i** sabato scorso.　응, 나는 그들을 지난 토요일에 만났어.

　　(li ho : 복수형은 축약하지 않음.)

A : Hai incontrato le tue amich**e**?　너는 네 여자 친구들을 만났니?

B : **Le** ho incontrat**e** domenica scorsa.

　　(li ho : 복수형은 축약하지 않음.)　응, 나는 그녀들을 지난 일요일에 만났어.

* 다음 동사들은 문장에서 타동사로 사용되는 경우에는 avere 동사를, 자동사로 사용되는 경우에는 essere 동사를 보조동사로 취한다.

Ho cominciato un nuovo lavoro.　나는 새로운 일을 시작했다.

La scuola **è cominciata**.　　　　학교가 시작되었다.

Ho finito il corso di lingua italiana.

　　　　　　　　　　　　　　나는 이탈리아어 코스를 끝냈다.

La lezione **è finita**.　　　　　수업이 끝났다.

* 동사 correre(달리다)는 '달리는 자체가 목적일 경우'에는 avere 동사를, '어느 장소를 향해 달려 갈 경우'에는 essere 동사를 보조동사로 사용한다.

Maria **ha corso** per 1 ora.　마리아는 한 시간 동안 달렸다.(달리는 자체가 목적)

Maria **è corsa** alla stazione.

마리아는 역으로 달려갔다.(장소를 향해 달려 이동)

* 다음의 경우는 보조동사로 essere 또는 avere 동사를 모두 사용할 수 있다.

① 기후를 나타내는 동사.

　　Ieri **è piovuto**. = Ieri **ha piovuto**.　어제 비가 왔다.

　　Ieri **è nevicato**. = Ieri **ha nevicato**.　어제 눈이 왔다.

② Vivere(살다) 동사.

　　Maria **è vissuta** a Milano tanti anni.　마리아는 오랫동안 밀라노에 살았다.

　　Maria **ha vissuto** a Milano tanti anni.　마리아는 오랫동안 밀라노에 살았다.

표현 따라하기 　[Ascolto 듣기 69]

직설법 근과거 표현 익히기

Uomo : Hai già visto questo film?

Donna : Sì, l'ho già visto.

　＊l'ho → lo ho의 축약형

남자 : 너는 이미 이 영화를 보았니?

여자 : 응, 이미 그것을 보았어.

Uomo : Hai già fatto cena?

Donna : No, non l'ho ancora fatta.

　＊l'ho → la ho의 축약형.

남자 : 너는 이미 저녁 식사를 했니?

여자 : 아니, 아직 그것을 안했어.

Uomo : Signora, ha già comprato i giornali?

Donna : Sì, li ho già comprati.

　＊li ho → 축약하지 않는다.

남자 : 부인, 신문들을 이미 구입하셨나요?

여자 : 예, 그것들을 이미 구입했습니다.

Uomo : Signora, ha già spedito le lettere?

Donna : No, non le ho ancora spedite.

　＊le ho → 축약하지 않는다.

남자 : 부인, 이미 편지들을 보냈습니까?

여자 : 아니요, 아직 그것들을 보내지 않았습니다.

＊ 위의 예에서 보듯이 직설법 근과거를 비롯한 복합시제(essere 또는 avere＋과거분사)에서 직접목적대명사 약형이 동사 앞에 위치할 경우에는 보조동사로 avere 동사를 사용하더라도 과거분사 형태는 직접목적대명사 약형의 성(性 genere)과 수(數 numero)에 일치해야 한다(제 2단계 문법 따라잡기 참고).

상황 익히기 • [Ascolto 듣기 70]

상황 1

Uomo : Ieri sera che hai fatto di bello?

Donna : Sono andata al cinema con Luisa.

Uomo : Che film avete visto?

Donna : Abbiamo visto "La vità è bella".

남자 : 어제 저녁에 너는 무엇을 했니?
여자 : 루이자와 영화를 보러 갔었어.
남자 : 너희들은 어떤 영화를 보았니?
여자 : 우리는 "인생은 아름다워"를 보았어.

상황 2

Uomo : Ieri ho comprato un telefonino nuovo.

Donna : Che bello! Posso dare un'occhiata?

Uomo : Certo. Eccotelo.

Donna : Quanto l'hai pagato?

Uomo : 200 Euro.

남자 : 어제 새 휴대폰을 구입했어.
여자 : 정말 멋있다! 봐도 될까?
남자 : 물론이지, 여기 있어.
여자 : 얼마 주었니?
남자 : 200 유로.

함께 연습하기 정답 : 237p

* 이번 과에서는 문법 내용의 중요성을 고려하여 연습문제를 더 실었다. 특히 직접목적 대명사 약형이 직설법 근과거와 함께 혼합되어 있는 문제에 주의를 기울이기 바란다.

1. 다음 괄호 안에 알맞은 직설법 근과거 형태를 넣고, 우리말로 해석하시오.

(1) Voi (trovare :   ) i posti?

(2) Una settimana fa Maria e Laura (andare :   ) a teatro.

(3) Ieri Marco e Paola (uscire :   ) insieme.

(4) Sabato scorso Laura non (andare :   ) a scuola.

(5) Tu (leggere :   ) già questo libro?

(6) Voi (vedere :   ) già questo film?

(7) Hai incontrato Maria? Sì, io (incontrarla :   ) ieri.

(8) Mario ha invitato tutti i suoi amici? Sì, (invitarli :   ) tutti.

(9) Luisa ha mangiato tutte le torte? Sì, (mangiarle :   ) tutte.

(10) Mario ha invitato tutti i suoi amici? No, (invitarne :   ) solo tre.

2. 다음을 우리말로 해석하시오.

(1) Ieri ho dormito tardi.

(2) Maria è nata a Firenze.

(3) L'anno scorso siamo andati in Italia.

(4) Domenica scorsa ho incontrato Marco.

(5) Ieri Anna e Maria sono rimaste a casa.

(6) Hai già ascoltato questi dischi? Sì, li ho già ascoltati.

(7) Avete ringraziato il signor Mario? Sì, l'abbiamo già fatto.

(8) Hai bevuto molto vino a cena? Sì, ne ho bevuto molto.

(9) Signor Mario, Lei ha fumato molte sigarette ieri sera?

　　No, non ne ho fumate molte.

(10) Ragazzi, avete letto molti libri in questi giorni?

　　No, non ne abbiamo letti molti.

3. 다음을 이탈리아어로 작문하시오.

(1) 지난 토요일에 Laura는 이탈리아에 갔다.

(2) 작년에 Marco는 로마에 갔다.

(3) Anna는 어제도 그녀의 친구들과 함께 외출했다. (외출하다 : uscire)

(4) 그저께 나는 걸어서 학교에 갔다. (걸어서 가다 : andare a piedi)

(5) 일주일 전에 나는 레스토랑에서 식사를 했다. (식사를 하다 : mangiare)

⑹ 아가씨, 당신은 편지를 보냈습니까? 예, 나는 그것을 보냈습니다.

　　(spedire : ~을/를 보내다)

⑺ Mario씨, 당신은 신문들을 구입했습니까? 아니오, 나는 그것들을 아직 구입하지 않았습니다. (comprare : 구입하다. i giornali : 신문들)

⑻ 어제 너는 Mario와 Anna를 만났니? 응, 나는 그들을 만났어.

　　(incontrare : 만나다).

⑼ 너는 Milano에서 많은 박물관을 방문했니? 응, 나는 그것을 많이 방문했어.

　　(visitare : 방문하다. 많은 박물관 : molti musei).

⑽ 어제 너는 맥주를 많이 마셨니? 응, 나는 그것을 많이 마셨어.

　　(bere : 마시다. la birra : 맥주).

4. 이번 과 첫 부분의 대화를 듣고 다음 괄호 안을 채우시오.

　　Mario : Laura, perché non (①　　　　　　　) a scuola ieri?

　　Laura : perché (②　　　　　　) vacanza.

　　Mario : Io invece (③　　　　　　) a scuola e (④　　　　　　).

　　Laura : Che cosa hai studiato?

　　Mario : (⑤　　　　　　) la grammatica italiana.

5. 책을 덮은 상태에서 이번 과에 녹음된 자료를 듣고 큰 소리로 따라하시오.

13

직설법 반과거
(Indicativo : imperfetto)

Che cosa facevi ogni giorno durante le vacanze?
너는 방학 동안 매일 무엇을 했니?

🎧 [Ascolto 듣기 71]

Mario : Ciao Laura, che cosa **facevi** ogni giorno durante le vacanze?

Laura : Ogni giorno **andavo** in piscina con mio fratello.

　　　　E tu cosa hai fatto l'estate scorsa?

Mario : Io sono stato in Italia per una settimana.

Laura : Beato te!

마리오 : 안녕 라우라, 방학 동안 매일 무엇을 했니?
라우라 : 나는 매일 내 남동생과 수영장에 갔었어.
　　　　너는 지난 여름에 무엇을 했니?
마리오 : 나는 일주일 동안 이탈리아에 갔었어.
라우라 : 네가 부럽다!

단어와 숙어 익히기

- andare in biblioteca 도서관에 가다. andare : 가다. in : ~곳에. biblioteca : 도서관

- andavo in piscina (나는) 수영장에 가곤 했다. andare in piscina : 수영장에 가다. andavo : 동사 andare(가다)의 직설법 반과거 1인칭 단수 형태. in : ~곳에. 전치사. piscina : 수영장.

- ascoltare ~을/를 듣다.

- avere fame 배고프다. 예 : Ho fame. 나는 배고프다.

- beato te 네가 부럽다. beato : 부러운. te : 너.

- che cosa 무엇.

- con mio fratello 내 남동생과 함께. con : ~와 함께, ~와 같이. mio : 나의. 뒤에 위치한 명사 fratello를 수식하는 소유형용사. 명사 fratello가 남성 단수이므로 명사와 형용사의 성수일치에 의해 mio이다. 일반적으로 소유형용사 앞에는 정관사를 사용하나, 이 경우와 같이 가족, 친지를 나타내는 단수 명사와 같이 사용될 경우에는 정관사를 생략한다(→ 제 6과 73페이지 참고). fratello : 남동생, 형.

- domenica scorsa 지난 일요일. domenica : 일요일. scorsa : 지난. 앞에 위치한 명사 domenica를 수식하는 품질형용사. 명사 domenica가 여성 단수이므로 명사와 형용사의 성수일치에 의해 scorsa이다(→ 제 4과 49~50페이지 참고). 남성 단수 명사를 수식한다면 scorso이어야 한다.

- dormire 잠을 자다.

- durante ~동안.

- e 그리고. 접속사.

- fare cena 저녁 식사를 하다.

- fino a tardi 늦게까지.

- ha detto (그는, 그녀는) 말했다. ha : (그는, 그녀는) ~을/를 가

지다. 이 문장에서 avere동사는 원래의 의미를 갖지 않고 뒤에 위치한 detto와 결합하여 '직설법 근과거' 시제를 형성하는 보조적인 역할을 담당한다. 그러므로 이 경우의 avere 동사를 '보조동사(verbo ausiliare)' 라고 한다. 이 경우는 뒤에 위치한 detto가 목적어를 필요로 하는 타동사이므로 avere 동사를 보조동사로 택했다. detto : 동사 dire(~을/를 말하다)의 과거분사 형태(→ 제 12과 141페이지 참고).

- hai fatto

(너는) ~을/를 했다. 직설법 근과거 형태. hai : (너는) ~을/를 가지다. 이 문장에서 avere동사는 원래의 의미를 갖지 않고 뒤에 위치한 fatto와 결합하여 '직설법 근과거' 시제를 형성하는 보조적인 역할을 담당한다. 그러므로 이 경우의 avere 동사를 '보조동사(verbo ausiliare)' 라고 한다. 이 경우는 뒤에 위치한 fatto가 목적어를 필요로 하는 타동사이므로 avere 동사를 보조동사로 택했다. fatto : 동사 fare(~을/를 하다)의 과거분사 형태(→ 제 12과 141페이지 참고).

- in Italia

이탈리아에. 국가명 앞에는 전치사 in을 사용한다.

- io

나. 주격인칭대명사 1인칭 단수 형태.

- l'anno scorso

작년. l'anno : 연(年). scorso : 지난. 앞에 위치한 명사 l'anno를 수식하는 품질형용사. 명사 l'anno가 남성 단수이므로 명사와 형용사의 성수일치에 의해 scorso이다. 여성 단수를 수식한다면 scorsa이어야 한다(→ 제 4과 49~50페이지 참고).

- mangiare

~을/를 먹다, 식사를 하다.

- mezzanotte

자정.

- ogni giorno

매일. ogni : 각각의. 뒤에 위치한 명사 giorno를 수식하며 정확하지 않은 수량을 나타내는 부정(不定)형용사. 항상 단수 명사를 동반하며 성수에 관계없이 형태는 항상 ogni이다. giorno : 날(日).

- per una settimana

일주일 동안. per : ~동안. una settimana : 1주일.

- queste vacanze estive

이번 여름 방학. queste : 이. 뒤에 위치한 명사 vacanze를 수식하는 지시형용사. 명사 vacanze가 여성 복수이므로 명사와 형용사의 성수일치에 의해 queste이다. 남성 복수 명사를 수식한다면 questi이어야 한다. vacanze : 휴가, 방학. estive : 여름의. 앞에 위치한 명사 vacanze를 수식하는 품질형용사. 명사 vacanze가 여성 복수이므로 명사와 형용사의 성수일치에 의해 estive이다. 남성 복수 명사를 수식한다면 estivi이어야 한다(→ 제 4과 50페이지 참고).

- **sono stato**
(나는) ~에 있었다. ~에 갔었다. 직설법 근과거 형태. sono : (너는) ~이다. 이 문장에서 essere 동사는 원래의 의미를 갖지 않고 뒤에 위치한 stato와 결합하여 '직설법 근과거' 시제를 형성하는 보조적인 역할을 담당한다. 그러므로 이 경우의 essere 동사를 '보조동사(verbo ausiliare)'라고 한다. 이 경우는 뒤에 위치한 stato가 목적어가 필요 없는 자동사이므로 essere 동사를 보조동사로 택했다. stato : 동사 stare(~에 있다, ~에 머물다)의 과거분사 형태. 만일에 주어가 여성 단수라면 주어와 과거분사의 성수일치에 의해 sono stata이어야 한다(→ 제 12과 142~143페이지 참고).

- **studiare**
공부를 하다.
- **tu**
너. 주격인칭대명사 2인칭 단수 형태.
- **una bottiglia d'acqua minerale**
생수 한 병.

문법 따라잡기

직설법 반과거 형태

	essere	avere	−are	−ere	−ire
			parlare	rispondere	partire
Io	ero	av**evo**	parl**avo**	rispond**evo**	part**ivo**
Tu	eri	av**evi**	parl**avi**	rispond**evi**	part**ivi**
Lui, Lei	era	av**eva**	parl**ava**	rispond**eva**	part**iva**
Noi	eravamo	av**evamo**	parl**avamo**	rispond**evamo**	part**ivamo**
Voi	eravate	av**evate**	parl**avate**	rispond**evate**	part**ivate**
Loro	erano	av**evano**	parl**avano**	rispond**evano**	part**ivano**

Ieri Maria **era** stanca.

어제 마리아는 피곤했다.

L'anno scorso ogni mattina **parlavo** al telefono con Maria.

작년에 나는 아침마다 마리아와 전화통화를 했다.

Mentre **domandavo**, nessuno **rispondeva**.

내가 질문을 했을 때 아무도 대답하지 않았다.

직설법 반과거 불규칙 형태

	−are	−ere	−ire
	fare	bere	dire
Io	fac**evo**	bev**evo**	dic**evo**
Tu	fac**evi**	bev**evi**	dic**evi**
Lui, Lei	fac**eva**	bev**eva**	dic**eva**

Noi	face**vamo**	beve**vamo**	dice**vamo**
Voi	face**vate**	beve**vate**	dice**vate**
Loro	face**vano**	beve**vano**	dice**vano**

예문

Mentre **facevamo** colazione, ascoltavamo la radio.
우리는 아침 식사를 하면서 라디오를 들었다.
Quando **ero** in Italia, **bevevo** il vino.
나는 이탈리아에 있을 때, 포도주를 마셨다.
Mentre **dicevo** la verità, nessuno la **credeva**.
내가 진실을 말하고 있을 때, 아무도 그것을 믿지 않았다.

직설법 반과거 용도

과거에 실제로 발생했던 사건을 나타내는 직설법 반과거는 다음과 같은 경우에 사용된다.

1. 과거에 있어서의 동시 상황을 나타낸다.

Ieri mentre **ascoltavo** la radio, **studiavo**.
어제 나는 라디오를 들으며, 공부를 했다.

ascoltavo
- - - - - - - - - - - - - - - - - - ▶

studiavo
- - - - - - - - - - - - - - - - - - ▶

2. 과거의 규칙적인 습관을 나타낸다.

L'anno scorso **facevo** cena molto tardi.
나는 작년에 저녁 식사를 늦게 하곤 했다.

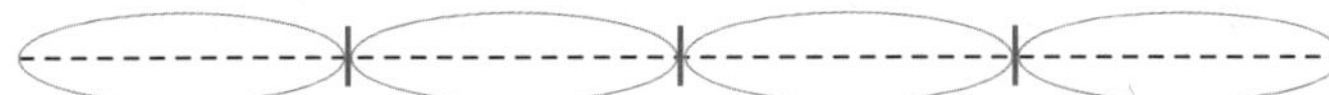

3. 먼저 일어나서 진행 중인 사건을 나타낸다.

Ieri mentre **andavo** al centro, ho incontrato Mario.

어제 나는 시내에 가다가 마리오를 만났다.

andavo   ho incontrato

* 한 동작이 완전히 끝나고 다음 동작이 발생한 경우에는 모두 '직설법 근과거'를 사용한다.

Ieri Mario **ha incontrato** Anna, **ha preso** un caffè e poi è **andato** al cinema.

어제 마리오는 안나를 만났고, 커피를 마신다음 영화를 보러갔다.

ha incontrato Anna   ha preso un caffè   è andato al cinema

  (안나를 만났고)   (커피를 마셨고)   (영화를 보러 갔다).

4. 과거의 상황 또는 인물을 묘사하기 위해 사용한다.

Era una bella giornata.　　아름다운 날이었다.

C'**era** una volta un re e una regina che **abitavano** in un grande castello.

옛날 옛날에 한 왕과 왕비가 큰 성에 살고 있었다.

5. 과거의 신체적, 심리적 특징을 나타낼 때 사용한다.

Ieri Maria **era** stanca.　　어제 마리아는 피곤했다.

La settimana scorsa Carlo **era** contento del suo lavoro.

지난 주에 까를로는 자신의 일에 대해 만족했다.

6. 공손한 요구를 나타내기 위해 사용한다.

Volevo due bottiglie d'acqua minerale.

저는 생수 두 병을 원합니다.

표현 따라하기 🎧 [Ascolto 듣기 72]

반과거 표현 익히기

Uomo : Hai studiato fino a tardi?

Donna : Sì, a mezzanotte **studiavo** ancora.
남자 : 너는 늦게까지 공부했니?
여자 : 응, 자정에도 공부하고 있었어.

Uomo : Hai lavorato fino a tardi?

Donna : Sì, alle undici **lavoravo** ancora.
남자 : 너는 늦게까지 일했니?
여자 : 응, 11시에도 일하고 있었어.

Uomo : Che cosa **facevi** ieri sera mentre cenavi?

Donna : Mentre **facevo** cena, **guardavo** la TV.
남자 : 너는 어제 저녁 식사를 하며 무엇을 하고 있었니?
여자 : 나는 저녁 식사를 하면서 TV를 보았어.

Uomo : Ieri sera perché non sei uscita?

Donna : Perché **ero** troppo stanca.
남자 : 어제 저녁에 너는 왜 외출하지 않았니?
여자 : 너무 피곤했기 때문이야.

상황 익히기 ▶ 🎧 [Ascolto 듣기 73]

상황 1

Uomo : Anna, perché non sei venuta a scuola?

Donna : Perché stavo male.

Uomo : Sei andata dal medico?

Donna : Sì, ci sono stata.

남자 : 안나, 너는 왜 학교에 오지 않았니?

여자 : 몸이 아팠기 때문이야.

남자 : 병원에 갔니?

여자 : 응, 그곳에 갔어.

Uomo : Perché non hai ascoltato quelle storie?

Donna : Perché le conoscevo già.

Uomo : Quando le hai ascoltate?

Donna : Le ho ascoltate l'anno scorso.

남자 : 너는 왜 그 이야기들을 듣지 않았니?

여자 : 왜냐하면 이미 그것들을 알고 있었기 때문이야.

남자 : 너는 그것을 언제 들었니?

여자 : 나는 그것을 작년에 들었어.

상황 2

Uomo : Quando hai conosciuto Mario?

Donna : L'ho conosciuto tanti anni fa, quando frequentavo ancora l'università.

Uomo : Lui era bello come adesso?

Donna : Sì, era il più bello della sua classe.

남자 : 너는 언제 마리오를 알았니?

여자 : 나는 오래 전에 대학에 다니고 있었을 때 그를 알았어.

남자 : 그는 지금처럼 멋있었니?

여자 : 응, 그는 자기 반에서 제일 멋있었어.

Uomo : Quando hai conosciuto Anna?

Donna : L'ho conosciuta tanti anni fa, quando ero bambina.

Uomo : Così tanto tempo?

Donna : Sì, quasi quindici(15) anni.

남자 : 너는 언제 안나를 알았니?

여자 : 나는 오래 전에 아이였을 때 그녀를 알았어.

남자 : 그렇게나 오래?

여자 : 응, 거의 15년.

5단계

함께 연습하기 정답 : 238p

1. 다음 괄호 안에 알맞은 직설법 반과거 형태를 넣으시오.

(1) L'anno scorso Maria (andare :   ) in biblioteca ogni giorno.

(2) Ieri mentre Paolo (dormire :   ), Laura (studiare :   ).

(3) L'altro ieri, mentre io (andare :   ) a scuola, ho incontrato Mario.

(4) Ieri Paola non è venuta a scuola perché (stare :   ) male.

(5) Domenica scorsa Carlo ha detto che non (avere :   ) fame.

2. 다음을 우리말로 해석하시오.

(1) L'altro ieri avevo mal di testa.

(2) Ieri quando facevo cena, Marco è arrivato.

(3) Volevo(Voglio 또는 Vorrei) una bottiglia d'acqua minerale.

(4) Ieri mentre mangiavo, ascoltavo la radio.

(5) L'anno scorso tutte le mattine andavamo a bere un caffè al bar.

3. 다음을 이탈리아어로 작문하시오.

(1) 작년에 Mario는 일요일 마다 수영장에 갔다.

(2) 어제 Paolo가 라디오를 듣고 있을 때, Laura는 TV를 보았다.

(3) 어제 Anna는 매우 피곤했다.

(4) Laura가 도착했을 때, Massimo는 여전히 잠을 자고 있었다.

(5) 지난주에 나는 산책을 하다가 친구들을 만났다.

4. 이번 과 첫 부분의 대화를 듣고 다음 괄호 안을 채우시오.

Mario : Laura, Che cosa (①   ) ogni giorno durante le vacanze?

Laura : Ogni giorno (②   ) in (③   ) con mio fratello.

         E tu cosa (④   ) l'estate scorsa?

Mario : Io sono stato in Italia per una settimana.

Laura : (⑤   ) te!

5. 책을 덮은 상태에서 이번 과에 녹음된 자료를 듣고 큰 소리로 따라하시오.

직설법 대과거
(Indicativo : trapassato prossimo)

Perché hai saltato la cena stasera?
너는 왜 오늘 저녁을 먹지 않았니?

🎧 [Ascolto 듣기 74]

Mario : Laura, perché hai saltato la cena stasera?

Laura : Non avevo fame perché **avevo mangiato** troppo durante il pranzo.

Mario : Ho capito. Ma mangiare troppo in una volta non fa bene alla salute.

Laura : Grazie del tuo consiglio.

마리오 : 라우라, 너는 왜 오늘 저녁을 먹지 않았니?
라우라 : 배가 고프지 않았어. 왜냐하면 점심 때 너무 많이 먹었거든.
마리오 : 알았어. 하지만 한 번에 너무 과식하는 것은 건강에 좋지 않아.
라우라 : 충고해줘서 고마워.

단어와 숙어 익히기

• alla salute	건강에.
• andare a lezione	수업에 가다.
• andare alla stazione	역에 가다.
• attrice	여배우
• attore	남자 배우.
• aveva giocato a golf	(그는, 그녀는, 당신은) 골프를 쳤다.

aveva giocato : 놀이를 하다. 직설법 대과거 형태. aveva : 동사 avere의 직설법 반과거 3인칭 단수 형태. 이 문장에서 avere동사는 원래의 의미를 갖지 않고 뒤에 위치한 giocato와 결합하여 '직설법 대과거' 시제를 형성하는 보조적인 역할을 담당한다. 그러므로 이 경우의 avere 동사를 '보조동사(verbo ausiliare)' 라고 한다. 이 경우는 뒤에 위치한 giocato가 목적어를 필요로 하는 타동사로 사용되었으므로 avere 동사를 보조동사로 택했다(→ 제 12과 144페이지 참고). giocato : 동사 giocare(놀이를 하다)의 과거분사 형태. giocare a golf : 골프를 치다.

• avevo mangiato — (나는) ~을/를 먹었다. 직설법 대과거 형태. avevo : 동사 avere의 직설법 반과거 1인칭 단수 형태. 이 문장에서 avere동사는 원래의 의미를 갖지 않고 뒤에 위치한 mangiato와 결합하여 '직설법 대과거' 시제를 형성하는 보조적인 역할을 담당한다. 그러므로 이 경우의 avere 동사를 '보조동사(verbo ausiliare)'라고 한다. 이 경우는 뒤에 위치한 mangiato가 목적어를 필요로 하는 타동사로 사용되었으므로 avere 동사를 보조동사로 택했다(→ 제 12과 144페이지 참고). mangiato : 동사 mangiare(~을/를 먹다)의 과거분사 형태.

• hai saltato la cena — (너는) 저녁을 먹지 않았다. hai saltato : (너는) ~을/

를 건너뛰었다. 직설법 근과거 형태. hai : (너는) ~을/를 가지다. 동사 avere의 직설법 현재 2인칭 단수 형태. 이 문장에서 avere동사는 원래의 의미를 갖지 않고 뒤에 위치한 fatto와 결합하여 '직설법 근과거' 시제를 형성하는 보조적인 역할을 담당한다. 그러므로 이 경우의 avere 동사를 '보조동사(verbo ausiliare)'라고 한다. 이 경우는 뒤에 위치한 saltato가 목적어를 필요로 하는 타동사로 사용되었으므로 avere 동사를 보조동사로 택했다(→ 제 12과 144페이지 참고). saltato : 동사 saltare(~을/를 넘다)의 과거분사 형태. la cena : 저녁 식사.

- durante   ~동안.
- grazie di~   ~에 대해 고마워하다.
- ho capito   나는 ~을/를 이해했다.
- il pranzo   점심 식사.
- il tuo consiglio   네 충고. il : 남성 단수 명사 또는 남성 단수 형용사 앞에 사용하는 정관사. tuo : 너의. 뒤에 위치함 명사 consiglio를 수식하는 소유형용사. 명사 consiglio가 남성 단수이므로 명사와 형용사의 성수일치에 의해 tuo이다(→ 제 6과 72페이지 참고). 여성 단수 명사를 수식한다면 tua이어야 한다. consiglio : 충고, 권고.
- in una volta   한 번에.
- la prima volta   처음.
- l'altro ieri   그저께.
- mangiare   ~을/를 먹다.
- medicina   약.
- medico   의사.
- non avevo fame   (나는) 배가 고프지 않았다. non : 아니다. 부정부사. avevo fame : (나는) 배가 고팠다. avevo : 동사 avere의 직설법 반과거 1인칭 단수 형태. avere fame : 배고프다. 배가 고팠던 것은 신체적 상태를 나타냄으로 직설법 반과거(avevo) 형태를 사용해야 한다(→ 제 13과 156페이지 참고). fame : 배고픔.

• non fa bene	좋지 않다.
• perché	왜, 왜냐하면.
• promettere	약속하다.
• questo film	이 영화. questo : 뒤에 위치한 명사 film을 수식하는 지시형용사. 명사 film이 남성 단수이므로 명사와 형용사의 성수일치에 의해 questo이다(→ 제 6과 75~76페이지 참고). 여성 단수 명사를 수식한다면 questa이어야 한다.
• si erano alzati tardi	(그들은) 늦게 일어났다. si erano alzati : (그들은) 일어났다. 재귀동사 alzarsi의 직설법 대과거 형태. si : 재귀대명사 3인칭 복수 형태. erano : 동사 essere의 직설법 반과거 3인칭 복수 형태. alzati : 동사 alzare의 과거분사 형태. 재귀동사의 복합시제(essere 또는 avere+과거분사)는 보조동사로 반드시 essere 동사를 사용한다. 주어가 3인칭 남성 복수이므로 주어와 과거분사와의 성수일치에 의해 alzati이다(→ 제 12과 143~144페이지 참고).
• squillare	벨이 울리다.
• troppo	너무, 매우.

2 단계

문법 따라잡기

직설법 대과거

직설법 대과거는 이미 과거에 발생했던 사건보다 그 이전에 발생했었던 사건을 나타내기 위해 사용한다.

위의 대화 내용 중 Laura의 대답 중에서 **'avevo mangiato'** 가 '직설법 대과거' 형태이다. 이 대화 내용을 살펴보면, Laura가 저녁 식사를 하지 않은 것은 점심 때 너무 많이 먹었기 때문이라는 것을 알 수 있다. 저녁 식사를 하지 않은 것도 '과거' 의 사건이지만, 점심 때 너무 너무 많이 먹은 것은 저녁 식사를 하지 않은 것보다도 '더 이전' 의 사건임을 알 수 있다.

과거   점심   저녁   현재

(대과거)   (근과거)

avevo mangiato   **hai saltato**

Marco non è andato alla stazione perché il treno **era** già **partito**.

마르꼬는 역에 가지 않았다. 왜냐하면 기차가 이미 출발했기 때문이다.

I miei amici non sono andati a lezione perché si **erano alzati** tardi.

내 친구들은 수업에 가지 않았다. 왜냐하면 늦게 일어났기 때문이다.

상기한 예문들에서 보았듯이 '직설법 대과거' 형태는 다음과 같다.

직설법 대과거 형태

Essere 또는 Avere 동사의	직설법 반과거 + 과거분사(p.p)

직설법 대과거 용도

1. 과거에 발생했던 사건보다 그 이전에 발생했었던 사건을 나타내기 위해 사용한다.

   Non ho comprato il giornale perché l'**avevo** già **letto**.

   나는 신문을 구입하지 않았다. 왜냐하면 벌써 그것을 읽었기 때문이다.

   * l'avevo : lo avevo의 축약 형태. lo : 앞에 위치한 남성 단수 명사 il giornale를 대신하는 직접목적대명사 약형 3인칭 단수 형태)

2. 말하는 사람이 말하는 그 순간에 행위가 이루어졌거나 혹은 그 이전에 이미 행위가 이루어 진 경우에 사용한다.

   Non **avevo** mai **visto** questo film.

   나는 이 영화를 결코 본적이 없다.(영화를 본 후)

   Non **ho** mai **visto** questo film.

   나는 이 영화를 결코 본적이 없다.(영화를 보기 이전)

   * 말하는 사람이 말을 하는 그 순간까지도 행위가 실현되지 않은 경우에는 '직설법 근과거' 사용.)

3. 간접화법에서 사용한다.

Massimo ha detto che era stanco perché **aveva studiato** troppo l'italiano.
마시모는 이탈리아어 공부를 너무 많이 해서 피곤하다고 말했다.

3단계

표 현 따 라 하 기　　　[Ascolto 듣기 75]

직설법 대과거 표현 익히기

Uomo : Perché non hai comprato il giornale?

Donna : Non l'ho comprato perché l'avevo già letto.
남자 : 너는 왜 신문을 구입하지 않았니?
여자 : 나는 그것을 구입하지 않았어. 왜냐하면 이미 그것을 읽었기 때문이야.

Uomo : Perché non hai ripetuto la lezione?

Donna : Non l'ho ripetuta perché l'avevo già studiata.
남자 : 왜 너는 수업을 복습하지 않았니?
여자 : 나는 그것을 복습하지 않았어. 왜냐하면 이미 그것을 공부했기 때문이야.

Uomo : Sono già partiti i tuoi amici?

Donna : Sì, quando sono arrivata, erano già partiti.
남자 : 네 친구들은 벌써 떠났니?
여자 : 응, 내가 도착했을 때, 그들은 이미 떠났었어.

4단계

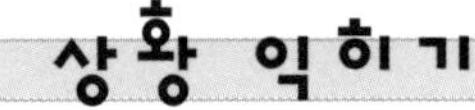

상 황 익 히 기　　　[Ascolto 듣기 76]

상황 1

Uomo : Hai comprato quel libro che avevamo visto in libreria?

Donna : No, non l'ho comprato.

Uomo : Perché non l'hai comprato?

Donna : Perché è troppo caro.
남자 : 너는 우리가 서점에서 보았던 책을 구입했니?
여자 : 아니. 나는 그것을 구입하지 않았어.
남자 : 왜 그것을 구입하지 않았니?
여자 : 너무 비싸서.

Uomo : Che cosa ti ha raccontato Paolo?

Donna : Mi ha raccontato quello che aveva visto in Italia.

Uomo : Ha visto tante cose in Italia?

Donna : Sì, mi ha detto che aveva visto tante cose interessanti.
남자 : 빠올로가 네게 무엇에 대해 이야기를 했니?
여자 : 그는 내게 이탈리아에서 본 것을 이야기 했어.
남자 : 그는 이탈리아에서 많은 것을 보았니?
여자 : 응, 그는 많은 흥미로운 것들을 보았다고 말했어.

상황 2

Uomo : È la prima volta che compri questo giornale?

Donna : No, l'avevo già comprato prima.

Uomo : Dove?

Donna : In Italia.
남자 : 너는 이 신문을 처음 구입하니?
여자 : 아니. 나는 이미 이전에 그것을 구입한 적이 있어.
남자 : 어디서?
여자 : 이탈리아에서.

Uomo : È la prima volta che vedi quell'attrice?

Donna : Sì, non l'avevo mai vista prima. E tu?

Uomo : Io invece l'avevo già vista a Milano.

Donna : Comunque, è un'attrice molto famosa.
남자 : 너는 저 여배우를 처음 보니?
여자 : 응, 나는 그녀를 본 적이 없었어. 너는?
남자 : 반면에 나는 그녀를 밀라노에서 이미 보았어.
여자 : 어쨌든 그녀는 매우 유명한 배우야.

함께 연습하기 _{정답 : 239p}

1. 다음 괄호 안에 알맞은 직설법 대과거 형태를 넣으시오.

(1) Oggi ho incontrato quella ragazza che io (conoscere :　　　　　) l'altro ieri.

(2) Tu hai pulito l'appartamento come tu (promettere :　　　　　).

(3) Marco non ha preso le medicine che il medico (dargli :　　　　　).

(4) Lui non ha capito quello che io (dirgli :　　　　　).

(5) Ieri avevo mal di testa, perché la sera prima io (bere :　　　　　) troppo vino.

2. 다음을 우리말로 해석하시오.

(1) Non potevo credere alla notizia che avevo sentito.

(2) Avevo già chiuso la porta quando è squillato il telefono.

(3) Mi hai riportato i libri che ti avevo prestato?

(4) Ho cominciato a cercare un lavoro subito dopo che avevo finito gli studi.

(5) Ieri Maria era molto stanca, perché l'altro ieri aveva giocato a golf per molte ore.

3. 다음을 이탈리아어로 작문하시오.

(1) 나는 이미 식사를 했기 때문에 배가 고프지 않았다. (avere fame : 배가 고프다).

(2) 나는 신문을 구입하지 않았다. 왜냐하면 이미 그것을 읽었기 때문이다.
(comprare : ~을/를 구입하다. leggere : ~을/를 읽다).

(3) 마리아는 그녀가 로마에서 보았던 것을 우리에게 이야기 했다.
(vedere ~을/를 보다. raccontare : 이야기를 하다)

(4) 아가씨, 제가 당신에게 드린 편지를 부치셨나요? (spedire : ~을/를 우송하다).

(5) 나는 마침내 네가 나에게 권했던 음반을 구입했다.
(finalmente : 마침내. consigliare : ~을/를 권하다.)

4. 이번 과 첫 부분의 대화를 듣고 다음 괄호 안을 채우시오.

Mario : Laura, (①   ) hai saltato la cena stasera?
Laura : Non (②   ) fame perché (③   ) (④   ) troppo durante il pranzo.
Mario : Ho capito. Ma mangiare troppo in una volta non fa bene alla salute.
Laura : Grazie del tuo (⑤   ).

5. 책을 덮은 상태에서 이번 과에 녹음된 자료를 듣고 큰 소리로 따라하시오.

직설법 단순 미래

(Indicativo : futuro semplice)

🎧 [Ascolto 듣기 77]

Mario : Laura, quando **partirai** per le vacanze?

Laura : **Partirò** domani mattina molto presto. E tu?

Mario : **Partirò** la settimana prossima.

Laura : Allora, buone vacanze!

Mario : 라우라, 너는 언제 휴가 갈거니?
Laura : 내일 아침 매우 일찍 떠날 거야. 너는?
Mario : 나는 다음 주에 떠날 거야.
Laura : 그럼, 휴가 즐겁게 보내!

단어와 숙어 익히기

• andare	가다.
• avere molto da fare	할 일이 많다. avere da ~ : ~할 것이 있다.
• bere	~을/를 마시다, 술을 마시다.
• Buone vacanze!	좋은 휴가가 되길 바란다. buone : 좋은. 뒤에 위치한 vacanze를 수식하는 품질형용사. 명사 vacanze가 여성 복수이므로 명사와 형용사의 성수일치에 의해 buone이다. 남성 단수 명사를 수식한다면 buon 또는 buono이어야 한다(→ 제 4과 51~52페이지 참고). vacanze : 휴가, 방학.
• chiedere	요구하다.
• cominciare	~을/를 시작하다.
• compleanno	생일.
• domani	내일.
• domenica prossima	다음 일요일. domenica : 일요일. prossima : 다음의. 앞에 위치한 명사 settimana를 수식하는 품질형용사. 명사 domenica가 여성 단수이므로 명사와 형용사의 성수일치에 의해 prossima이다. 남성 단수 명사를 수식한다면 prossimo이어야 한다(→ 제 4과 50페이지 참고).
• dopodomani	내일 모레.
• dovere	~을/를 해야만 한다.
• essere libero	한가하다. 시간이 있다. 여성 단수는 성수일치에 의해 essere libera이어야 한다.
• fra poco	조금 후에.
• fra un mese	한 달 후에. fra : ~후에.
• genitori	부모.
• il corso	코스.
• la macchina	자동차, 기계.
• la verità	진실.

- mese   달(月)
- oggi   오늘.
- partirai   (너는) 떠날 것이다. 동사 partire(출발하다)의 직설법 단순 미래 2인칭 단수 형태(→ 2단계 문법 따라잡기 참고).
- partirò   (나는) 떠날 것이다. 동사 partire(출발하다)의 직설법 단순 미래 1인칭 단수 형태(→ 2단계 문법 따라잡기 참고).
- partire per~   ~향해 출발하다.
- potere   ~을/를 할 수 있다.
- rimanere   머무르다, 남다.
- riposarsi   휴식을 취하다.
- risponderai   (너는) 답장을 할 것이다. 동사 rispondere의 직설법 단순 미래 2인칭 단수 형태(→ 2단계 문법 따라잡기 참고).
- sapere   ~을/를 알다.
- scrivere   ~을/를 쓰다, 편지를 쓰다.
- settimana prossima   다음 주. settimana : 주(週). prossima : 다음의. 앞에 위치한 명사 settimana를 수식하는 품질형용사. 명사 settimana가 여성 단수이므로 명사와 형용사의 성수일치에 의해 prossima이다(→ 제 4과 50페이지 참고). 남성 단수 명사를 수식한다면 prossimo이어야 한다.
- stasera   오늘 저녁.
- tornare   돌아오다.
- un vino rosso   적포도주. un vino bianco : 백포도주. un : 남성 단수 명사 또는 남성 단수 형용사 앞에 사용하는 정관사. vino : 포도주. rosso : 앞에 위치한 명사 vino를 수식하는 품질형용사. 명사 vino가 남성 단수이므로 명사와 형용사의 성수일치에 의해 rosso이다. 여성 단수 명사를 수식한다면 rossa이어야 한다. 색깔을 나타내는 형용사는 명사의 뒤에 위치한다(→ 제 4과 51페이지 참고).
- venire   오다.
- volere   ~을/를 원하다.

문법 따라잡기

위 대화문에서 partirai, partirò(원형 : partire)가 '직설법 단순 미래' 형태이다.
'직설법 단순 미래'는 앞으로 실제로 일어날 동작이나 사건을 나타낼 때 사용한다.

현재   다음 주 → 미래
partirò
(나는) 떠날 것이다.

직설법 단순 미래 형태

규칙 변화의 경우 동사의 어미가 -are로 끝나는 1군 동사와 -ere로 끝나는 2군 동사의 변화 형태는 동일(-erò, -erai, -erà, eremo, -erete, -eranno) 하다. -ire로 끝나는 3군 동사의 경우는 -irò, -irai, -irà, -iremo, -irete, -iranno로 변한다. 주의할 점은 1인칭 단수와 3인칭 단수의 경우, 마지막 모음에 악센트(-ò, -à)가 있다는 점이다.

	essere	avere	-are	-ere	-ire
			torn**are**	chied**ere**	part**ire**
(Io)	sa**rò**	av**rò**	torn**erò**	chied**erò**	part**irò**
(Tu)	sa**rai**	av**rai**	torn**erai**	chied**erai**	part**irai**
(Lui, Lei)	sa**rà**	av**rà**	torn**erà**	chied**erà**	part**irà**
(Noi)	sa**remo**	av**remo**	torn**eremo**	chied**eremo**	part**iremo**
(Voi)	sa**rete**	av**rete**	torn**erete**	chied**erete**	part**irete**
(Loro)	sa**ranno**	av**ranno**	torn**eranno**	chied**eranno**	part**iranno**

예문

Carlo **arriverà** la settimana prossima. 까를로는 다음 주에 도착할 것이다.
Scriverò a casa domani. 나는 내일 집에 편지를 쓸 것이다.
Il corso **finirà** fra un mese. 이 코스는 한 달 후에 끝날 것이다.

직설법 단순 미래 불규칙 형태

Andare a Roma.　　　　　　로마에 가다.

(io) andrò, (tu) andrai, (lui, lei, Lei) andrà, (noi) andremo, (voi) andrete, (loro) andranno a casa.

Bere un vino rosso.　　　　적포도주를 마시다.

(io) berrò, (tu) berrai, (lui, lei, Lei) berrà, (noi) berremo, (voi) berrete, (loro) berranno un vino rosso.

Sapere la verità.　　　　　진실을 알다.

(io) saprò, (tu) saprai, (lui, lei, Lei) saprà, (noi) sapremo, (voi) saprete, (loro) sapranno la verità.

Rimanere a Firenze.　　　　피렌체에 머물다.

(io) rimarrò, (tu) rimarrai, (lui, lei, Lei) rimarrà, (noi) rimarremo, (voi) rimarrete, (loro) rimarranno a Firenze.

Venire a casa.　　　　　　집에 오다.

(io) verrò, (tu) verrai, (lui, lei, Lei) verrà, (noi) verremo, (voi) verrete, (loro) verranno a casa.

조동사의 직설법 단순 미래 형태

	dovere	potere	volere
(Io)	dov**rò**	pot**rò**	vor**rò**
(Tu)	dov**rai**	pot**rai**	vor**rai**
(Lui, Lei)	dov**rà**	pot**rà**	vor**rà**
(Noi)	dov**remo**	pot**remo**	vor**remo**
(Voi)	dov**rete**	pot**rete**	vor**rete**
(Loro)	dov**ranno**	pot**ranno**	vor**ranno**

표 현 따 라 하 기   🎧 [Ascolto 듣기 78]

직설법 단순 미래 표현 익히기

Uomo : Quando arrivi a Roma?

Donna : Ci arriverò la prossima settimana.
남자 : 너는 언제 로마에 도착하니?
여자 : 나는 그곳에 다음 주에 도착할거야.

Uomo : Quando tornano Mario e Anna?

Donna : Torneranno sabato prossimo.
남자 : 마리오와 안나는 언제 돌아오니?
여자 : 그들은 다음 토요일에 돌아올 거야.

Uomo : Puoi venire stasera?

Donna : No, ma potrò venire domani sera.
남자 : 너는 오늘 저녁에 올 수 있니?
여자 : 아니. 하지만 내일 저녁에 올 수 있어.

Uomo : Andrai anche tu a Venezia la prossima domenica?

Donna : Sì, ci andrò anch'io.(ci : p181)
남자 : 너도 다음 일요일에 베네치아에 올거니?
여자 : 응, 나도 그곳에 갈 거야.

상 황 익 히 기   🎧 [Ascolto 듣기 79]

상황 1

Uomo : Signorina, è libera oggi?

Donna : No, ma sarò libera domani.

Uomo : A che ora avrà tempo libero?

Donna : Alle sei(6).
남자 : 아가씨, 오늘 시간 있어요?
여자 : 아니오. 하지만 내일은 시간 있어요.
남자 : 몇 시에 시간 있어요?
여자 : 6시에요.

Uomo : Dove andrai durante le vancanze estive?

Donna : Andrò in Europa.

Uomo : Con chi ci andrai?

Donna : Ci andrò con la mia famiglia.
남자 : 너는 여름휴가 때 어디에 갈거니?
여자 : 나는 유럽에 갈거야.
남자 : 누구와 그곳에 갈거니?
여자 : 나는 그곳에 내 가족과 갈거야.

상황 2

Uomo : Devi lavorare anche questo sabato?

Donna : Sì, dovrò lavorare fino a tardi.

Uomo : Quando avrai un po' di tempo per riposarti?

Donna : Mi riposerò domenica.
남자 : 너는 이번 토요일에도 일을 해야만 하니?
여자 : 응, 늦게까지 일을 해야만 해.
남자 : 너는 언제 쉴 시간이 좀 있겠니?
여자 : 일요일에 쉴 거야.

Uomo : Che cosa farai questo fine settimana?

Donna : Andrò a Roma con i miei amici.

Uomo : Quanto tempo ci vuole con il treno?

Donna : Ci vorranno quasi due(2) ore da qui.
남자 : 이번 주말에 무엇을 할거니?
여자 : 나는 친구들과 로마에 갈거야.
남자 : 기차로 얼마나 걸리니?
여자 : 이곳에서 약 두 시간 걸릴 거야.

함께 연습하기 정답 : 239p

1. 다음 괄호 안에 알맞은 직설법 단순 미래 형태를 넣으시오.

(1) Noi (andare :　　　　　) a Milano domani.

(2) Tu (essere :　　　　　) in Italia domenica prossima?

(3) Loro (avere :　　　　　) molto da fare dopodomani.

(4) Voi (venire :　　　　　) da noi stasera?

(5) (Rimanere :　　　　　) a casa domani i loro genitori?

2. 다음을 우리말로 해석하시오.

(1) Risponderai a questa lettera?

(2) Dovrò lavorare anche questo sabato.

(3) Quando comincerete le lezioni?

(4) Verrà anche Anna alla festa del mio compleanno?

(5) Partiremo per Milano il mese prossimo.

3. 다음을 이탈리아어로 작문하시오.

(1) 너는 조금 후에 진실을 알게 될 것이다.

(2) 내일 Laura는 집에 전화를 할 것이다.

(3) Roberto는 집에 남아 있기를 원할 것이다.

(4) Marco와 Paolo는 다음 주에 돌아올 것이다.

(5) 나는 다음 달에 자동차를 구입할 수 있을 것이다.

4. 이번 과 첫 부분의 대화를 듣고 다음 괄호 안을 채우시오.

Mario : Laura, quando (①　　　　　) per le vacanze?

Laura : (②　　　　　) (③　　　　　) molto presto. E tu?

Mario : (④　　　　　) la settimana prossima.

Laura : Allora, buone (⑤　　　　　)!

5. 책을 덮은 상태에서 이번 과에 녹음된 자료를 듣고 큰 소리로 따라하시오.

직설법 선립 미래
(Indicativo : futuro anteriore)

🎧 [Ascolto 듣기 80]

Mario : Quando parti per l'Italia?

Laura : Parto domani.

Mario : Che cosa vuoi fare per primo quando arriverai in Italia?

Laura : Appena ci sarò arrivata, visiterò Roma.

마리오 : 너는 언제 이탈리아로 떠나니?
라우라 : 내일 떠나.
마리오 : 이탈리아에 도착하면 제일 먼저 무엇을 하고 싶니?
라우라 : 나는 그곳에 도착하자마자, 로마를 방문할 거야.

단어와 숙어 익히기

- andare in vacanza   휴가를 가다.
- appena   ~하자마자
- dal dentista   치과에.
- domani   내일.
- dopo che~   ~한 이후에
- il corso superiore   상급 코스.
- fare due passi   산책을 하다(= fare quattro passi).
- fare cena   저녁식사를 하다.
- gli spaghetti buoni   맛있는 스파게티.
- i compiti   숙제.
- lavoro   일, 직업.
- manderò   (나는) ~을/를 보낼 것이다. 동사 mandare의 직설법 단순 미래 1인칭 단수 형태(→ 제 15과 173페이지 참고).
- neanch'io   나도 역시 ~아니다. neanche＋io의 결합 형태.
- orologio   시계.
- parti   (너는) 출발하다. 동사 partire의 직설법 현재 2인칭 단수 형태(→ 제 7과 85페이지 참고).
- per primo   제일 먼저.
- quando   ~한 후에, ~때에.
- seguirò   (나는) ~을/를 수강할 것이다. 동사 seguire의 직설법 단순 미래 1인칭 단수 형태(→ 제 15과 173페이지 참고).
- subito   즉시.
- una cartolina   엽서.
- visiterò   (나는) ~을/를 방문할 것이다. 동사 visitare의 직설법 단순 미래 1인칭 단수 형태(→ 제 15과 173페이지 참고).

문법 따라잡기

위에 제시한 [듣기 99] 대화문에서 sarò arrivata형태가 '직설법 선립 미래' 이다.

직설법 '선립 미래'는 미래에 발생할 두 가지 또는 그 이상의 사건 또는 행위 중에 먼저 발생할 미래를 표현하기 위해 사용한다.

위 대화문에서 '이탈리아에 도착하는 사건'과 '로마를 방문하는 사건' 모두 미래에 발생할 사건이다. 하지만 이 두 가지 사건 중에서 먼저 일어나는 사건은 '이탈리아에 도착'하는 것이다. 즉, 미래에 일어날 행동 중에서, 먼저 일어날 행동에는 '선립 미래'를 그리고 나중에 일어날 모든 행동에는 이미 학습한 '단순 미래'를 사용한다.

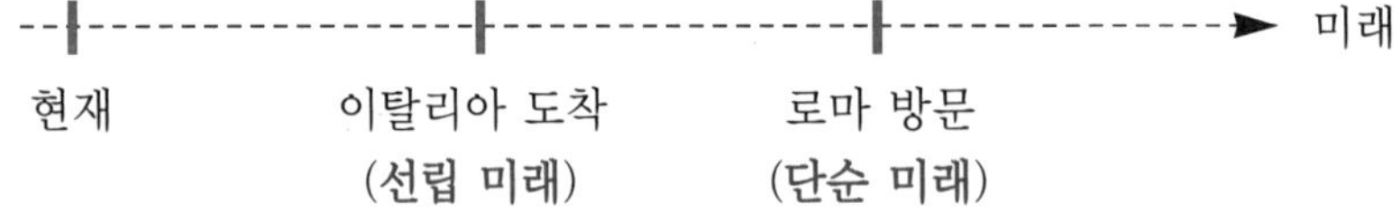

Appena ci **sarò arrivata**, **visiterò** Roma.

'직설법 선립 미래' 형태는 'essere 동사 또는 avere 동사의 단순 미래형태＋과거분사' 이다. essere 동사를 취하느냐 아니면 avere 동사를 취하느냐 하는 것은 직설법 근과거와 동일하다. 마찬가지로 avere 동사를 보조동사로 취할 경우, 과거분사의 형태는 변하지 않지만, essere 동사를 취하는 경우는 주어의 성수와 일치시켜야 한다. → 제 12과 직설법 근과거 참고.)

직설법 선립 미래 형태

Essere 또는 Avere 동사의	직설법 단순 미래＋과거분사(p.p.)

직설법 선립 미래 용도

1. 미래에 일어나는 두 가지 또는 그 이상의 사건 또는 행위 중에 먼저 일어나는 미래를 나타내기 위해 사용한다.

La settimana prossima, quando **saremo ritornati**(e) in Corea, incontreremo i nostri amici.

우리는 다음 중에 한국에 돌아온 후에, 친구들을 만날 것이다.

＊주어가 남성 복수일 경우는 saremo ritornati, 여성 복수일 경우는 saremo ritornate
이다.

2. 독립절 형태로 과거의 사건에 대한 추측을 나타낼 때 사용한다.

Mario non **avrà sentito** lo squillo di telefono.

마라오는 아마도 전화벨 소리를 못 들었을 것이다.

3 단계

표 현 따 라 하 기   [Ascolto 듣기 81]

장소를 대신하는 Ci 사용 표현.

A : Vai **a Milano** domani?

B : Sì, **ci** vado.

A : 내일 밀라노에 가니?

B : 응, 그곳에 가.

A : Laura, sei già stata **dal dentista**?

B : No, non **ci** sono ancora stata.

A : 라우라, 너는 이미 치과에 갔다 왔니?

B : 아니, **그곳에** 아직 안 갔어.

A : Ragazzi, siete entrati **in quel negozio**?

B : Sì, **ci** siamo stati spesso.

A : 얘들아, 너희들은 저 가게에 들어가 본적이 있니?

B : 응, 우리는 **그곳에** 종종 갔었어.

A : Non sono andato **a Milano** ieri, e tu Mario?

B : Neanch'io **ci** sono stato.

A : 나는 어제 밀라노에 가지 않았어, 마리오 너는?

B : 나도 **그곳에** 가지 않았어.

상황 익히기 ▶ 🎧 [Ascolto 듣기 82]

상황 1

Uomo : Anna, che ore sono?

Donna : Non ho l'orologio, ma saranno le tre.

Uomo : A quest'ora Marco sarà arrivato in Italia?

Donna : Credo di no. Sarà ancora in volo.

남자 : 안나, 몇 시야?

여자 : 난 시계가 없어. 하지만 아마 세시쯤 되었을 거야.

남자 : 이 시간에 마르꼬는 이탈리아에 도착했을까?

여자 : 나는 그렇게 생각하지 않아. 아직 비행 중일 거야.

Uomo : Perché ieri Carlo è ritornato tardi dalla scuola?

Donna : Non lo so. Ma avrà avuto tante cose da fare.

Uomo : Anche stasera ritornerà così tardi?

Donna : Penso di no. Oggi ritornerà presto.

남자 : 어제 까를로는 학교에서 늦게 돌아왔지?

여자 : 몰라. 할일이 많았나봐.

남자 : 오늘 저녁에도 늦게 돌아올까?

여자 : 나는 그렇게 생각하지 않아. 오늘은 일찍 돌아올 거야.

상황 2

Uomo : Che cosa farai appena arriverai in Italia?

Donna : Appena ci sarò arrivata, visiterò Roma per primo.

Uomo : Perché visiterai Roma per primo?

Donna : Per vedere il Colosseo.

남자 : 너는 이탈리아에 도착하자마자 무엇을 할 거니?

여자 : 나는 그곳에 도착하자마자 제일 먼저 로마를 방문할거야.

남자 : 왜 제일 먼저 로마를 방문할거니?

여자 : 콜로세움을 보려고.

Uomo : Quando finirai la scuola?

Donna : La finirò fra un anno.

Uomo : Che cosa farai dopo?

Donna : Dopo che l'avrò finita, cercherò subito un lavoro.

남자 : 너는 학교를 언제 마치니?

여자 : 나는 그것을 1년 후에 끝내.

남자 : 그 다음에 넌 무엇을 할 거니?

여자 : 그것을 끝낸 후에 즉시 직장을 구할 거야.

5단계

함께 연습하기 _{정답 : 240p}

1. 다음 괄호 안에 알맞은 직설법 선립 미래 형태를 넣으시오.

(1) Quando (arrivare :   ) Anna, faremo cena.

(2) Quando (arrivare :   ) Marco, faremo cena.

(3) Dopo che io (ritornare :   ) a Seoul, ti manderò una cartolina.

(4) Dopo che noi (arrivare :   ) a Roma, visiteremo il Colosseo.

(5) Appena io (finire :   ) questo corso, seguirò il corso superiore.

2. 다음을 우리말로 해석하시오.

(1) Quando avrò fatto cena, farò due passi.

(2) Quando avrete finito i vostri compiti, che cosa farete?

(3) Dopo che Maria sarà arrivata a Milano, incontrerà le sue amiche.

(4) Dopo che Maria e Anna saranno arrivate in Italia, mangeranno dei buoni spaghetti.

(5) Appena (io) avrò finito questo lavoro, andrò in vacanza.

3. 다음을 이탈리아어로 작문하시오.

(1) 나는 저녁 식사를 마친 후, 영화를 보러 갈 것이다.

(2) 나는 서울에 도착하자마자, 네게 전화를 할 것이다.

(3) Carlo와 Maria는 Firenze를 방문한 후, Venezia로 떠날 것이다.

(4) 나는 친구들을 만나자마자, 커피를 마시러 갈 것이다.

(5) 우리는 그녀와 이야기를 나눈 후, 당신들에게 모든 것을 고백할 것이다.

4. 이번 과 첫 부분의 대화를 듣고 다음 괄호 안을 채우시오.

Mario : Quando (①   ) per (②   )?

Laura : Parto domani.

Mario : Che cosa vuoi fare per primo quando (③   ) in Italia?

Laura : Appena ci (④   ) (⑤   ), visiterò Roma.

5. 책을 덮은 상태에서 이번 과에 녹음된 자료를 듣고 큰 소리로 따라하시오.

17 조건법
(Condizionale)

Al bar

🎧 [Ascolto 듣기 83]

Mario : Io **prenderei** un caffè. E tu?

Laura : Con questo caldo?

Invece del caffè, **vorrei** bere qualcosa di fresco.

Mario : Bella idea! Ma io preferisco ugualmente un caffè.

Laura : Capisco.

Mario : 나는 커피를 마실 거야. 너는?
Laura : 날씨가 이렇게 더운데?
나는 커피 대신에 뭔가 시원한 것을 마시고 싶어.
Mario : 좋은 생각이다! 그렇지만 나는 커피를 선호해.
Laura : 알았어.

단어와 숙어 익히기

- abbiamo deciso di~   우리는 ~하기로 결정했다. abbiamo deciso : (우리는) ~을/를 결정했다. 직설법 근과거 형태. abbiamo : (우리는) ~을/를 가지다. 동사 avere의 직설법 현재 1인칭 복수 형태. 이 문장에서 avere동사는 원래의 의미를 갖지 않고 뒤에 위치한 deciso와 결합하여 '직설법 근과거' 시제를 형성하는 보조적인 역할을 담당한다. 그러므로 이 경우의 avere 동사를 '보조동사(verbo ausiliare)'라고 한다. 이 경우는 뒤에 위치한 deciso가 목적어를 필요로 하는 타동사이므로 avere 동사를 보조동사로 택했다(→ 제 12과 144페이지 참고). deciso : 동사 decidere(~을/를 결정하다)의 과거분사 형태. decidere di~ : ~하기로 결정하다.

- allora   그렇다면.
- andare al cinema   영화를 보러가다.
- andare in vacanza   휴가를 가다.
- avere bisogno~   ~이 필요하다.
- bella idea   좋은 생각. bella : 뒤에 위치한 명사 idea를 수식하는 품질형용사이다. 명사 idea가 여성 단수이므로 명사와 형용사의 성수일치에 의해 bella이다. 남성 단수 명사를 수식한다면 bel 또는 bello이어야 한다(→ 제 4과 52~53페이지 참고).

- lingua   혀.
- brucerà   뜨거울 것이다. 동사 bruciare의 직설법 단순 미래 3인칭 단수 형태.

- buona visione!   즐겁게 보십시오! (영화 또는 드라마 등을 볼 때 사용). buona : 뒤에 위치한 명사 visione를 수식하는 품질형용사. 명사 visione가 여성 단수이므로 명사와 형용사의 성수일치에 의해 buona이다. 남성 단수를 수식

한다면 buon 또는 buono이어야 한다(→ 제 4과
51~52페이지 참고).

• cercare	~을/를 찾기 시작하다.
• cominciare	~을/를 시작하다.
• questo caldo	이 더위. questo : 이. 뒤에 위치한 명사 caldo를 수식하는 지시형용사. 명사 caldo가 남성 단수이므로 명사와 형용사의 성수일치에 의해 questo이다. 여성 단수 명사를 수식한다면 questa이어야 한다(→ 제 6과 75~76페이지 참고). caldo : 더위.
• dirmi	나에게 말하다. dire+mi의 결합 형태. dire : ~을/를 말하다. mi : 나에게. 간접목적인칭대명사 약형 1인칭 단수 형태.
• fare una passeggiata	산책을 하다(= fare due passi, fare quattro passi). fare : ~을/를 하다. una passeggiata : 산책.
• finire	~을/를 끝내다.
• fino a~	~까지.
• fresco	시원한.
• il conto	영수증, 계산서.
• invece di~	~대신에.
• la chitarra	기타.
• lavorare	일을 하다.
• pagare	~을/를 지불하다.
• prendere	~을/를 마시다, ~을/를 먹다, ~을/를 갖다.
• prenderei	(나는) ~을/를 마시고 싶다. 동사 prendere의 조건법 현재 1인칭 단수 형태(→ 이번 과 189페이지 참고).
• prestarmi	나에게 빌려주다. prestare+mi의 결합 형태. prestare : 빌려주다. mi : 나에게. 간접목적인칭대명사 약형 1인칭 단수 형태(→ 제 11과 129페이지 참고).
• qualcosa	무엇.
• ugualmente	마찬가지로.
• un caffè	커피. 일반적으로 caffè espresso를 의미함.
• vivere in campagna	전원에 살다. vivere : 살다. in : ~곳에. campagna : 전원, 야외.

문법 따라잡기

위 대화문에 나온 vorrei(원형 : volere), prenderei(원형 : prendere)의 형태가 '조건법 현재' 형태이다.

'조건법 현재'는 가능성을 표현 할 때, 정중한 방식으로 의견을 표현 할 때, 질문 할 때, 요구 또는 의향을 표현할 때 사용하는 방식이다.

조건법 현재(Condizionale presente)

형태

	essere	avere	-are	-ere	-ire
			lavor**are**	prend**ere**	fin**ire**
Io	sarei	avrei	lavor**erei**	prend**erei**	fin**irei**
Tu	saresti	avresti	lavor**eresti**	prend**eresti**	fin**iresti**
Lui, Lei	sarebbe	avrebbe	lavor**erebbe**	prend**erebbe**	fin**irebbe**
Noi	saremmo	avremmo	lavor**eremmo**	prend**eremmo**	fin**iremmo**
Voi	sareste	avreste	lavor**ereste**	prend**ereste**	fin**ireste**
Loro	sarebbero	avrebbero	lavor**erebbero**	prend**erebbero**	fin**irebbero**

상기한 동사 중에서 essere와 avere 동사의 '조건법 현재 형태'는 불규칙 형태이다. 조건법 현재 형태는 위에서 보듯이 동사의 어미부분이 -rei, -resti, -rebbe, -remmo, -reste, -rebbero로 끝나기 때문에 암기하고 쉽고, 구별하기 쉽다.

예문

Avrei bisogno del tuo aiuto.　　나는 네 도움이 필요하다.

Stasera **lavorerei** fino a tardi.　　나는 오늘 저녁에 늦게까지 일을 할 것이다.

Prenderei volentieri un vino rosso.

　　　　　　　　나는 기꺼이 적포도주를 마시겠다.

다음은 essere 동사와 avere 동사 이외에 몇몇 '조건법 현재의 불규칙 형태'를 살펴보면 다음과 같다.

Andare a Roma.　　　　로마에 가다.

(io) andrei, (tu) andresti, (lui, lei, Lei) andrebbe, (noi) andremmo, (voi) andreste, (loro) andrebbero a Roma.

Venire da me.   나에게(내 집에) 오다.

(io) verrei, (tu) verresti, (lui, lei, Lei) verrebbe, (noi) verremmo,
(voi) verreste, (loro) verrebbero da me.

Cercare la chiave.   열쇠를 찾다.

(io) cercherei, (tu) cercheresti, (lui, lei, Lei) cercherebbe,
(noi) cercheremmo, (voi) cerchereste, (loro) cercherebbero la chiave.

Pagare il conto.   영수증을 지불하다.

(io) pagherei, (tu) pagheresti, (lui, lei, Lei) pagherebbe,
(noi) pagheremmo, (voi) paghereste, (loro) pagherebbero il conto.

Mangiare la pasta.   파스타를 먹다.

(io) mangerei, (tu) mangeresti, (lui, lei, Lei) mangerebbe,
(noi) mangeremmo, (voi) mangereste, (loro) mangerebbero la pasta.

Cominciare lo studio.   공부를 시작하다.

(io) comincerei, (tu) cominceresti, (lui, lei, Lei) comincerebbe,
(noi) cominceremmo, (voi) comincereste, (loro) comincerebbero lo studio.

조동사의 조건법 현재 형태

	dovere ~을/를 해야만 한다	potere ~을/를 할 수 있다	volere ~을/를 원하다
(Io)	do**vrei**	po**trei**	vor**rei**
(Tu)	do**vresti**	po**tresti**	vor**resti**
(Lui, Lei)	do**vrebbe**	po**trebbe**	vor**rebbe**
(Noi)	do**vremmo**	po**tremmo**	vor**remmo**
(Voi)	do**vreste**	po**treste**	vor**reste**
(Loro)	do**vrebbero**	po**trebbero**	vor**rebbero**

다음 문장을 보면 앞서 학습한 객관적인 사실을 나타내는 직설법과 이번에 학습하

는 조건법의 차이를 알 수 있다.

① Domani **vado** in Italia.　　나는 내일 이탈리아에 간다. (직설법 현재, **확실성**)

② Domani **andrò** in Italia.　　나는 내일 이탈리아에 갈 것이다.
　　　　　　　　　　　　　　　　(**직설법 미래, 확실성**)

③ Domani **andrei** in Italia.　　나는 내일 이탈리아에 갈 것이다.
　　　　　　　　　　　　　　　　(**조건법 현재, 가능성**)

　문장 ①은 동사 andare의 '직설법 현재' 1인칭 단수형 vado를, 문장 ②는 '직설법 단순 미래' 1인칭 단수형 andrò를 사용했다. 문장 ①번의 동사 vado는 객관적인 사실을 나타내는 '직설법 현재' 형태인데, '가까운 미래'는 '현재형' 동사를 사용해서 표현 할 수 있기 때문에 현재형을 사용하였으며, '확실함'을 나타낸다. 문장 ②의 경우, 동사 andrò 마찬가지로 객관적인 사실을 나타내는 '직설법 단순 미래' 형태로 '확실성'을 나타낸다.

　반면에 문장 ③의 경우는 말하는 사람이 'andrei'라는 '조건법 현재' 1인칭 단수형을 사용해서 표현했다. 그 이유는 말하는 사람이 '내일 이탈리아에 갈지도 모른다'는 의미의 확실성은 없으나 **'가능성'**이 있다는 의도를 표현하고자 했기 때문이다. 즉, 확실성은 없으나 '가능성'이 있는 경우를 표현하는 방식이 조건법 현재이다.

　또한 '조건법 현재' 형태는 자신의 의향, 희망을 말하거나 상대방에게 공손하게 요구를 할 때 사용된다.

예문

Vorrei un cappuccino.　　　　저는 까뿌치노 한 잔을 원합니다.

Potresti prestarmi una penna?　너는 내게 펜을 빌려줄 수 있니?

Signore, **potrebbe** dirmi che ore sono?

선생님, 제게 몇 시인지 말씀해 주시겠어요?

3 단계

표현 따라하기　　　[Ascolto 듣기 84]

Ne의 사용 표현

Uomo : Hai **del tempo**?

Donna : No, non **ne** ho.

남자 : 너는 시간이 있니?
여자 : 아니, 나는 그것이 없어.

Uomo : Parli **di Mario**?

Donna : Sì, **ne** parlo.
남자 : 너는 마리오에 대해 말하는 거니?
여자 : 응, 나는 그에 대해 말하는 거야.

Uomo : Quanti francobolli ti servono?

Donna : Me **ne** servono **due**.
남자 : 너는 몇 장의 우표가 필요하니?
여자 : 나는 두 장 필요해.

4단계

상황 익히기 [Ascolto 듣기 85]

상황 1

Uomo : Vai al cinema o fai una passeggiata?

Donna : Farei una passeggiata, e tu?

Uomo : Vorrei andare al cinema con i miei amici.

Donna : Allora, buona visione!
남자 : 너는 영화 보러 갈거니 아니면 산책을 할 거니?
여자 : 나는 산책을 하고 싶어. 너는?
남자 : 나는 친구들과 영화 보러 가고 싶어.
여자 : 그럼, 즐겁게 봐!

상황 2

Uomo : Dove volete andare in vacanza?

Donna : Vorremmo andare a Venezia, e voi?

Uomo : Abbiamo deciso di andare a Roma.

Donna : Allora, buon viaggio!

남자 : 너희들은 어디로 휴가를 가고 싶니?
여자 : 우리는 베네치아에 가고 싶어. 너희들은?
남자 : 우리는 로마에 가기로 결정했어.
여자 : 그럼, 즐거운 여행이 되길 바래!

5단계

함께 연습하기 정답 : 240p

1. 다음 괄호 안에 알맞은 조건법 현재 형태를 넣으시오.

(1) Anna, (venire :　　　　) al cinema con me?

(2) Signore, mi (offrire :　　　　) una sigaretta, per favore?

(3) Noi (essere :　　　　) felici di andare a Venezia.

(4) Maria, (volere :　　　　) vivere in campagna?

(5) Signora, (potere :　　　　) dirmi che ora è?

2. 다음을 우리말로 해석하시오.

(1) Potresti prestarmi una penna?

(2) Vorrei un caffè.

(3) Vorresti andare al cinema?

(4) Anna, vorresti portare la tua chitarra?

(5) Mi piacerebbe prendere un cappuccino.

3. 다음을 조건법 동사를 사용하여 이탈리아어로 작문하시오.

(1) 나는 내년에 로마에 갈지도 몰라.

(2) 나는 이탈리아에 가고 싶다.

(3) 제가 당신께 질문 하나 해도 되겠습니까?

(4) Mario, 너는 내게 펜을 빌려 주겠니?

(5) Paolo씨, 이 편지를 Maria에게 부쳐주시겠어요?

4. 이번 과 첫 부분의 대화를 듣고 다음 괄호 안을 채우시오.

Mario : Io (1.) un caffè. E tu?

Laura : Invece del caffè, (2.) bere (3.) di fresco.

Mario : Bella idea! Ma io (4.) (5.) un caffè.

Laura : Capisco.

5. 책을 덮은 상태에서 이번 과에 녹음된 자료를 듣고 큰 소리로 따라하시오.

18

접속법
(Congiuntivo)

Il lavoro
직업, 직장

🎧 [Ascolto 듣기 86]

Mario : Anna vuole lasciare il lavoro?

Laura : È probabile che lei lo **debba** lasciare.

Mario : Ma penso che lei **possa** continuare a lavorare ancora.

Laura : Anch'io penso così.

Mario : 안나가 직장을 그만 두고 싶어 한다고?
Laura : 아마도 그 직장을 그만 두어야 하나봐.
Mario : 하지만 나는 그녀가 계속 일을 더 할 수 있다고 생각해.
Laura : 나도 그렇게 생각해.

단어와 숙어 익히기

• anch'io	anche io의 축약 형태. anche : 또한. 역시.
• ancora	또, 계속, 다시.
• andare al cinema	영화를 보러 가다.
• arrivare in orario	정시에 도착하다. arrivare : 도착하다. in orario : 정시에.
• avere ragione	옳다, 정당하다.
• continuare	~을/를 계속하다.
• così	그렇게.
• credere	믿다, 생각하다.
• credo che	~라고 나는 생각한다.
• dare una mano	도와주다. dare : ~을/를 주다. una mano : 손(手)
• davvero	정말로.
• debba	동사 dovere(~해야만 한다)의 접속법 현재 3인칭 단수 형태(→ 이번 과 2단계 문법 따라잡기 참고).
• essere d'accordo	동의하다, 찬성하다.
• fare i compiti	숙제를 하다. fare : ~을/를 하다. i compiti : 숙제.
• finalmente	마침내.
• il mio bambino	내 아이. il : 남성 단수 명사 또는 남성 단수 형용사 앞에 사용하는 정관사. mio : 나의. 뒤에 위치한 명사 bambino를 수식하는 소유형용사. 명사 bambino가 남성 단수이므로 명사와 형용사의 성수일치에 의해 mio이다(→ 제 6과 72~73페이지 참고). bambino : 남자 아이. 여자 아이는 bambina.
• il consiglio	충고
• il lavoro	직장, 일.
• il pianoforte	피아노.
• io	나. 주격인칭대명사 1인칭 단수 형태(→ 제 10과 117페이지 참고).
• la guerra	전쟁

• la partita di calcio	축구 시합. partita : 경기, 시합. calcio : 축구.
• la verità	진실.
• lasciare	~을/를 그만두다.
• penso che~	~라고 나는 생각한다.
• piovere	비가 오다.
• possa	동사 potere(~할 수 있다)의 접속법 현재 3인칭 단수 형태(2단계 문법 따라잡기 참고).
• pregare	~을/를 기도하다, ~을/를 기원하다.
• presto	빨리
• probabile	아마도.
• raffreddore	감기.
• sembra che~	~처럼 보인다.
• sentire	~을/를 느끼다, ~을/를 듣다.
• si dice che~	~라고 사람들은 말한다.
• suonare	~을/를 연주하다.
• vuole	(그는, 그녀는) ~을/를 원한다. 동사 volere의 직설법 현재 3인칭 단수 형태(→ 제 8과 99페이지 참고).

2단계

문법 따라잡기

위의 대화문에서 sia(동사원형 essere), abbia(동사원형 avere), siano(동사원형 essere) 등의 형태가 '접속법' 현재 형태이다. 위의 대화문을 잘 관찰해보면, 주절의 맨 앞에 **penso che**(~라고 나는 생각한다), **si dice che**(~라고 사람들은 말한다), **credo che**(~라고 나는 생각한다), **sembra che**(~처럼 보인다) 등, '개인적인 생각'이나, '확실하지 않은 다른 사람들이 하는 말', '불확실' 등의 표현이 나타나 있음을 알 수 있다. 바로 이처럼 주관적인 생각 또는 불확실함, 의심, 욕구, 희망, 걱정 등을 표현할 때 종속절에 '접속법' 형태의 동사를 사용한다. 접속법 시제에는 현재, 과거, 반과거, 대과거가 있으나 이 책에서는 자주 사용되는 접속법 현재 시제만을 다루기로 한다.

접속법 현재(Congiuntivo presente)

'접속법 현재'에는 '규칙형태'와 '불규칙 형태'가 있다.

Essere 동사와 avere 동사의 '접속법 현재' 형태는 '불규칙 형태'를 갖는데, '접속법 과거'를 만드는데 반드시 필요한 보조동사이므로, 그 중요성을 생각해서 규칙형태에 넣었습니다. '규칙형태'를 보시면 1인칭 단수에서 3인칭 단수까지는 형태가 동일하다는 것을 알 수 있다. 또한 noi에 해당하는 형태도 직설법 현재 형태와 동일함을 알 수 있다. 그러므로 접속법 현재 형태를 암기하는데 큰 어려움이 없을 것이다.

여러분께서는 essere와 avere 동사를 비롯한 **'접속법 현재 형태를 꼭 암기'** 하시기 바란다. 왜냐하면, 접속법 현재 형태는 접속법의 용도 이외에도 '명령법'에서의 상대방(Lei 당신)에게 격식을 갖추어서 명령하는 **'격식적 명령 형태와 동일'** 하기 때문이다(→ 제 19과 명령법 참고).

접속법 현재 규칙 형태

	essere	avere	−are	−ere	−ire
			arriv**are**	cred**ere**	sent**ire**
Io	sia	abbia	arriv**i**	cred**a**	sent**a**
Tu	sia	abbia	arriv**i**	cred**a**	sent**a**
Lui	sia	abbia	arriv**i**	cred**a**	sent**a**
Noi	siamo	abbiamo	arriv**iamo**	cred**iamo**	sent**iamo**
Voi	siate	abbiate	arriv**iate**	cred**iate**	sent**iate**
Loro	siano	abbiano	arriv**ino**	cred**ano**	sent**ano**

* 동사 essere와 avere의 경우는 불규칙 형태이나, 중요성을 감안해서 규칙 형태에 예시했다.

다음 두 예문을 비교하며 객관적인 사실을 나타내는 '직설법'과 주관적인 생각을 나타내는 '접속법'의 차이점을 알아보자.

① Marco **è** a casa.　　　　　마르꼬는 집에 있다. (직설법)

② **Penso che** Marco **sia** a casa. 나는 마르꼬가 집에 있다고 생각한다. (접속법)

①과 ②의 문장을 살펴보면, ①의 경우는 essere 동사의 **'직설법'** 현재 형태인 **è** 를 사용했다. 즉, 이 문장의 의미는 어느 누가 보더라도 '객관적으로 틀림없이 마르

꼬가 집에 있다' 라는 의미이다. 반면에 ②의 경우는 '나는 ~라고 생각한다' 라는 'Penso che~'로 문장이 시작하며, che 이하의 절에 **sia**라는 essere 동사의 '**접속법**' 형태를 사용했다. 왜냐하면 마르꼬가 집에 있다는 것은 단지 '나의 주관적인 생각(Penso che~ : 나는 ~라고 생각한다)' 일 뿐이기 때문이다. 바로 이러한 경우처럼 말하는 사람이 자신의 '**주관적**'인 생각, 의심, 희망 등을 나타낼 때 사용하는 형태가 '접속법' 이다.

아래에 제시한 동사들의 '**불규칙**' 접속법 현재 형태는 일반적인 접속법 용도 이외에도, 조금 전에 언급했듯이 '명령법(–: 제 19과 참고)' 에서 Lei(당신)에 대한 격식적인 명령을 표현(접속법 현재 3인칭 단수 형태 사용)할 때 동일하게 사용된다.

조동사의 접속법 현재 형태

	dovere ~을/를 해야만 한다	potere ~을/를 할 수 있다	volere ~을/를 원하다
(Io)	debba	possa	voglia
(Tu)	debba	possa	voglia
(Lui, Lei)	debba	possa	voglia
(Noi)	dobbiamo	possiamo	vogliamo
(Voi)	dobbiate	possiate	vogliate
(Loro)	debbano	possano	vogliano

Penso che tu **debba** partire presto.

내 생각에 너는 빨리 출발해야만 한다.

Spero che lui **possa** arrivare in orario.

나는 그가 정시에 도착할 수 있기를 바란다.

È probabile che Maria **voglia** studiare l'italiano.

아마도 마리아가 이탈리아어를 공부하기를 원하는 것 같다.

접속법 현재 불규칙 형태

	andare	venire	fare	dire	dare
Io	vada	venga	faccia	dica	dia
Tu	vada	venga	faccia	dica	dia
Lui, Lei	vada	venga	faccia	dica	dia
Noi	andiamo	veniamo	facciamo	diciamo	diamo
Voi	andiate	veniate	facciate	diciate	diate
Loro	vadano	vengano	facciano	dicano	diano

접속법 용도

앞서 언급했듯이 접속법은 다음의 경우처럼 주관적인 생각, 희망, 걱정 등을 나타낼 때 사용한다.

① **Penso che** loro **vadano** al cinema.

나는 그들이 영화를 보러 간다고 생각한다.

② **Voglio che** tu **venga** qui.

나는 네가 이곳에 오기를 원한다.

③ **Ho paura che** il mio bambino non **faccia** i compiti.

나는 내 아이가 숙제를 하지 않을까 걱정된다.

④ Mia madre **vuole che** io **dica** la verità.

내 어머니는 내가 진실을 말하기를 원한다.

⑤ Loro **desiderano che** voi **diate** una mano.

그들은 당신들이 도와주기를 바란다.

이외에도 아래의 예문과 같이 ① '목적(affinché, perché : ~위해서)', ② '양보(benché, sebbene, nonostante che~ : 비록 ~일지라도, ~에도 불구하고)', ③ '조건(a patto che, purché : ~라는 조건으로)' 등을 나타내는 문장에 사용된다. 특히 접속법 현재 3인칭 단수 형태의 경우는 상대방(Lei 당신)에 대한 격식적 명령 형태로 사용된다.

① Tutti devono pregare **affinché** la guerra **finisca** presto.

모든 사람은 전쟁이 빨리 끝나도록 기도해야 한다.

② **Benché sia** tardi, devo uscire.

비록 늦었지만, 나는 외출해야 한다.

③ Accetto il tuo consiglio **a patto che** tu **ascolti** le mie parole.

나는 네가 내 말을 듣는다는 조건에서 네 충고를 받아들이겠다.

3단계

표 현 따 라 하 기   [Ascolto 듣기 87]

~하고 있는 중이다.

Stare＋제룬디오 : ~하고 있는 중이다.

* 동사의 제룬디오 형태는 –are → ando, –ere → –endo, –ire → –endo이다.
  (예 : andare → andando. scrivere → scrivendo. partire → partendo)

Stiamo andando a scuola.　　　우리는 학교에 가고 있는 중이다.

Sto studiando l'italiano.　　　나는 이탈리아어를 공부하고 있는 중이다.

Stiamo guardando la partita di calcio.

　　　　　　　　우리는 축구 경기를 보고 있는 중이다.

이제 막 ~하려고 한다.

Stare＋per＋동사원형 : 지금 막 ~하려고 한다.

Sta per piovere.　　　비가 오려고 한다.

Sto per partire.　　　나는 떠나려고 한다.

Stiamo per studiare l'italiano.　　　우리는 이탈리아어를 공부하려고 한다.

상황 익히기 [Ascolto 듣기 88]

상황 1

Uomo : Finalmente vado a Roma per studiare.

Donna : Sono davvero contenta che tu ci **vada**.

Uomo : Non vuoi venire con me?

Donna : Dovrei pensarci un po'...

남자 : 마침내 공부하러 로마에 가.

여자 : 네가 그곳에 간다니 정말로 기뻐.

남자 : 나와 같이 가지 않을래?

여자 : 생각 좀 해보고...

상황 2

Uomo : Vorrei uscire nonostante che **piova**.

Donna : Dove vuoi andare?

Uomo : Al centro.

Donna : Ho paura che tu **prenda** il raffreddore.

남자 : 비가오지만 나는 외출하고 싶어.

여자 : 어디 가는데?

남자 : 시내에.

여자 : 난 네가 감기 걸릴까봐 걱정된다.

함께 연습하기 정답 : 241p

1. 다음 괄호 안에 알맞은 동사의 형태를 넣으시오.

(1) Pensiamo che tu (avere :   ) ragione.

(2) Non credo che loro (essere :   ) qui.

(3) È probabile che lui (sapere :   ) suonare il pianoforte.

(4) Piero esce nonostante che (piovere :   ).

(5) Marco è d'accordo di studiare a condizione che (studiare :   )
anche Anna.

2. 다음을 우리말로 해석하시오.

(1) Sono molto felice che tu vada in vacanza.

(2) Dubito che lui lo sappia.

(3) Pensi che loro arrivino tardi?

(4) Finirò il mio lavoro prima che tu esca.

(5) È probabile che nevichi fra poco.

3. 다음을 이탈리아어로 작문하시오.

(1) 나는 네가 좋은 직장을 찾기를 희망한다.

(2) 나는 Marco가 집에 있다고 생각한다.

(3) 안나는 그녀의 어머니가 빨리 올지 확실하지 않다.

(4) 나는 네가 이탈리아에 간다니 정말로 행복하다.

(5) 비록 네가 라디오를 들을지라도 나는 잠을 자겠다.

4. 본문 첫 부분의 대화를 듣고 다음 괄호 안을 채우시오.

Mario : Anna vuole (①   ) il lavoro?

Laura : È (②   ) che lei lo (③   ) lasciare.

Mario : Ma penso che lei (④   ) continuare a lavorare ancora.

Laura : (⑤   ) penso così.

5. 책을 덮은 상태에서 이번 과에 녹음된 자료를 듣고 큰 소리로 따라하시오.

명령법
(Imperativo)

Dimmi dov'è l'Hotel Flora!
플로라 호텔이 어디에 있는지 알려줘.

🎧 [Ascolto 듣기 89]

Mario : Laura, **dimmi** dov'è l'Hotel Flora!

Laura : È vicino alla stazione centrale. Quando arrivi davanti alla stazione,

volta a sinistra. E poi **prendi** la prima via a destra. L'Hotel Flora è lì.

Mario : A me pare complicato. **Spiegami** di nuovo!

Laura : No, è molto semplice.

마리오 : 라우라, 플로라 호텔이 어디에 있는지 알려줘.
깔르라 : 중앙역 근처에 있어. 역 앞에 도착하면 왼쪽으로 돌아.
　　　　그 다음엔 오른쪽 첫 번째 길을 택해. 플로라 호텔은 그곳에 있어.
마리오 : 복잡한 것 같은데. 다시 한 번 설명해 줘!
라우라 : 아냐, 매우 간단해.

단어와 숙어 익히기

• a destra	오른쪽으로, 오른쪽에.
• a sinistra	왼쪽으로, 왼쪽에.
• accompagnami	나를 동반하다. accompagna + mi의 결합형태. accompagna! : (너는) ~을/를 동반해라! 데려가다. 동사 accompagnare의 tu(너)에 대한 명령법 형태.
• mi	나를. 직접목적인칭대명사 3인칭 단수 형태(→ 제 10과 117페이지 참고).
• aprire	~을/를 열다.
• arrivi	(너는) 도착한다. 동사 arrivare의 직설법 현재 2인칭 단수 형태(→ 제 7과 84페이지 참고).
• aspettare	~을/를 기다리다.
• buono	맛있는.
• calmo(a)	침착한.
• la camera	방(room)
• davanti a~	~앞에.
• disgustoso	맛없는.
• dormire	잠을 자다.
• dove	어디에.
• dimmi	나에게 말해줘! di' + mi의 결합 형태. di'! : (너는) ~을/를 말해라! 동사 dire의 tu(너)에 대한 명령법 형태. mi : 나에게. 간접목적인칭대명사 약형 1인칭 단수 형태(→ 제 11과 129페이지 참고).
• finestra	창문.
• finire	~을/를 끝내다. ~이 끝나다.
• i compiti	숙제.
• il cliente	고객.
• il discorso	연설
• il romanzo	소설
• interessante	재미있는, 흥미로운.

• la prima via	첫 번째 길. la : 여성 단수 명사 또는 여성 단수 형용사 앞에 사용하는 정관사. prima : 첫 번 째의, 제 1의. 뒤에 위치한 명사 via가 여성 단수이므로 명사와 형용사의 성수일치에 의해 prima이다(→ 제 4과 50페이지 참고).
• la stazione	역. la stazione centrale : 중앙역.
• leggere	(책을) 읽다.
• lì	그곳, 거기(= là).
• noioso	지겨운, 재미없는.
• pazienza	인내심.
• poi	그러고 나서.
• prendi	너는 ~을/를 택해라! 동사 prendere(~을/를 택하다, 잡다, 마시다)의 직설법 현재 2인칭 단수 형태. 이 문장에서는 tu(너)에 대한 '명령법' 형태로 사용되었다.
• pulire	~을/를 청소하다.
• quando	때, 언제.
• sapere	~을/를 알다.
• scrivere	(편지를) 쓰다.
• tè verde	녹차. tè : 차(茶). verde : 녹색의. 앞에 위치한 명사 tè를 수식하는 품질형용사이다. 형용사 verde는 기본형이 −e로 끝나기 때문에 여성 단수 명사를 수식하는 경우도 verde이다. 남녀 복수형은 verdi이다(→ 제 4과 50페이지 참고).
• un attimo	잠간, 잠시(= un momento)
• vicino a ~	~가까이에.
• volti	(너는) 돌아라! 동사 voltare의 직설법 현재 2인칭 단수 형태. 이 문장에서는 tu(너)에 대한 '명령법' 형태로 사용되었다.

문법 따라잡기

위의 대화문에서 fammi(내게 ~해줘), volti(돌아라), prendi(택해라), spiegami(내게 설명해라)의 형태가 명령법 형태이다.

'명령법'은 문자의 의미 그대로 상대방에 대한 명령을 나타낼 때 사용하는 형태이다. 명령법에는 서로 잘 아는 허물없는 사이에서 사용하는 '비격식적 명령' (l'imperativo diretto) 형태와 상대방에게 격식을 갖추어서 명령하는 '격식적 명령' (l'imperativo indiretto)형태가 있다.

명령법 형태에서 **중요한 점**은 주격인칭대명사(**tu, noi, voi, Lei, Loro**)를 절대로 사용하지 않는다는 것이다.

시제는 '**현재**'만 있다. 명령법 형태는 동사 하나로 법과 시제를 완벽하게 나타낼 수 있으므로 '단순시제'에 속한다.

주격인칭대명사(Tu, Lei, Noi, Voi)는 사용하지 않으며, 문장의 끝에 **느낌표(!)**를 찍기도 한다.

Tu(너)에 대한 명령법 형태(비격식적 명령)

	−are	−ere	−ire	
	aspettare	scriv**ere**	apr**ire**	pulire
(Tu)	Aspetta!	Scrivi!	Apri!	Pulisci!
(Tu) **Non**	**aspettare!**	**scrivere!**	**aprire!**	**pulire!**

예문

Aspetta un attimo!	잠깐만 기다려!
Non aspettare!	기다리지 마!
Scrivi la lettera a Mario!	마리오에게 편지를 써!
Non scrivere la lettera a Mario!	마리오에게 편지를 쓰지마!
Apri la finestra un momento!	창문을 잠시 열어!
Non aprire la finestra!	창문을 열지마!
Pulisci la tua camera!	네 방을 청소해!
Non pulire la tua camera!	네 방을 청소하지 마!

위의 예에서 보았듯이 **Tu**(너)에 대한 명령법 형태에는 "~을 해라!"라는 '긍정 명령'의 형태와 "~을 하지마라!"라는 '부정 명령'의 형태가 있다. '긍정 명령법 형태'는 −are 동사의 경우에는 "−are"에서 "re"를 제거하면 된다. −ere와 −ire 동사의 경우는 직설법 현재 2인칭 단수 형태와 동일하다. Tu(너)에 대한 '부정 명령법의 형태'는 "**Non**＋동사원형"의 형태를 지닌다.

Tu(너)에 대한 명령 형태가 '직접목적대명사'와 사용될 경우에는 다음과 같은 형태를 갖는다.
① 긍정 명령일 경우 : 동사＋직접목적대명사

　　È un romanzo molto interessante : **leggilo**!

　　매우 재미있는 소설이다. 이것을 읽어라!
② 부정 명령일 경우 : 'non＋동사＋직접목적대명사' 또는 'non＋직접목적대명사＋동사'

　　È un romanzo molto noioso : **non leggerlo**! 또는 **Non lo leggere**!

　　매우 재미없는 소설이다. 이것을 읽지 마라!

다음은 '우리~합시다.', '너희들 ~해라.'에 해당하는 표현을 알아보자.

Noi(우리들) 및 Voi(너희들)에 대한 명령법 형태

	−are	−ere	−ire	
	aspett**are**	legg**ere**	dorm**ire**	fin**ire**
(Noi)	Aspett**iamo**!	Legg**iamo**!	Dorm**iamo**!	Fin**iamo**!
(Noi) **Non**	aspett**iamo**!	legg**iamo**!	dorm**iamo**!	fin**iamo**!
(Voi)	Aspett**ate**!	Legg**ete**!	Dorm**ite**!	Fin**ite**!
(Voi) **Non**	aspett**ate**!	legg**ete**!	dorm**ite**!	fin**ite**!

Noi(우리들) 및 **Voi**(너희들)에 대한 긍정 명령법 형태는 직설법 1인칭 복수(**Noi**) 및 2인칭 복수(**Voi**) 형태와 동일하다. Noi(우리들) 및 Voi(너희들)에 대한 부정 명령법의 형태는 동사 앞에 '**Non**'만 첨가한다.

해석은 '긍정 명령' Noi(우리들)의 경우, '~하자!' 또는 '~합시다!', 'Non'을 첨가한 '부정 명령'의 경우는 '~하지 말자!' 또는 '~하지 맙시다!'로, Voi(너희들)의 경우, '긍정 명령'은 '~하시오!' 또는 '~하세요!', 'Non'을 첨가한 '부정 명령'은

'~하지 마세요! 또는 '~하지 마시오!' 로 한다.

예문

Aspettiamo i nostri amici!	우리 친구들을 기다리자!
Non aspettiamo i nostri amici!	우리 친구들을 기다리지 말자!
Leggiamo questo libro!	이 책을 읽자!
Non leggiamo questo libro!	이 책을 읽지 말자!
Dormite, è tardi!	잠자세요, 늦었습니다!
Non dormite!	잠자지 마세요!
Finite presto!	빨리 끝내세요!
Non finite tardi!	늦게 끝내지 마세요!

명령 형태가 '직접목적대명사'와 사용될 경우에는 tu(너)에 대한 비격식 명령의 경우와 동일한 형태를 갖는다.

① 긍정 명령 : '동사＋직접목적대명사'
 È un tè verde molto buono : **prendiamolo**!
 매우 맛있는 녹차이다. 이것을 마시자!

② 부정 명령 : 'non＋동사＋직접목적대명사' 또는 'non＋직접목적대명사＋동사'
 È un tè verde molto disgustoso : **Non prediamolo**!
　　　　　　　　　　　　 또는 **Non lo prendiamo**!
 매우 맛없는 녹차이다. 이것을 마시지 말자!

특수한 형태의 명령법 형태

	essere	avere	andare	dare	dire	fare	stare
(Tu)	**sii**	**abbi**	**va'**	**da'**	**di'**	**fa'**	**sta'**
(Voi)	**siate**	**abbiate**	**andate**	**date**	**dite**	**fate**	**state**

예문

① Anna, **sii** calma!	안나, 침착해!
② Massimo, **abbi** pazienza!	마시모, 참아!

③ Carlo, **va'** a studiare l'italiano!　　까를로, 이탈리아어 공부하러 가!

④ Francesco, **da'** qualche informazione al cliente!

　　　　　　　　　　　　　　프란체스꼬, 고객께 정보를 줘!

⑤ Marco, **di'** a Marisa di venire a trovarmi!

　　　　　　　　　　마르꼬, 마리자에게 나를 찾아오라고 말해!

⑥ Maria, **fa'** i compiti!　　마리아, 숙제해!

⑦ Luca, **sta'** attento!　　루까, 조심해!

Lei(당신) 및 Loro(당신들)에 대한 격식적 명령 형태

　Lei(당신) 및 Loro(당신들)에 대한 '격식적 명령'은 긍정적 명령 및 부정적 명령 형태 모두 '접속법 현재' 동사 형태를 사용한다. '부정 명령 형태'는 '접속법 현재' 동사 앞에 'Non'을 참가한다. 현대 이탈리아어에서는 'Loro(당신들)' 대신에 Voi(당신들)에 해당하는 형태를 주로 사용한다.

① Signor Kim, **aspetti** un attimo!　　김 선생님, 잠깐만 기다리십시오!

② Signorina, **scriva** una lettera al Suo amico!

　　　　　　　　　　　　아가씨, 친구에게 편지를 쓰십시오!

③ Signora Anna, **non dorma** più.　　안나 부인, 더 이상 주무시지 마십시오!

④ Signor Mario, **finisca** il discorso!　　마리오씨, 연설을 끝내십시오!

　동사 andare(가다), venire(오다), fare(~을/를 하다), dire(말하다), dare(~을/를 주다)의 접속법 현재 3인칭 형태(→ 접속법 참고)는 격식적 명령 형태로 일상생활에서 자주 사용된다.

① **Vada** pure!　　가셔도 좋습니다!

② **Venga** qui!　　이리 오십시오!

③ **Faccia** pure!　　그렇게 하십시오!

④ **Dica** pure!　　말씀하십시오!

⑤ Mi **dia** una penna!　　제게 펜을 주십시오!

＊ 격식적 명령 형태가 '직접목적대명사'와 사용될 경우에는 다음과 같이 단 한 가지의
  형태만을 갖는다.
  ① 긍정 명령의 경우 : '직접목적대명사 + 동사'
     È un tè verde molto buono : **lo prenda**!
     매우 맛있는 녹차입니다. 이것을 드세요!
  ② 부정 명령의 경우 : 'non＋직접목적대명사＋동사'
     È un tè verde molto disgustoso : **Non lo prenda**!
     매우 맛없는 녹차입니다. 이것을 드시지 마세요!

＊ 상대방에 대한 공손한 요구 또는 명령은 위와 같은 형태 이외에도 Lei(당신)에 대해
  서는 "La prego di＋동사원형"의 형태를, Tu(너)에 대해서는 "Ti prego di＋동사원
  형"의 형태를 사용해서 표현 할 수도 있다.
  ① 긍정 형태
     La prego di leggere questa lettera!   이 편지를 읽어보십시오!
     Ti prego di capire questa situazione!   이 상황을 이해해줘!
  ② 부정 형태
     La prego di non prendere l'autobus!   버스를 타지 마십시오!
     Ti prego di non partire subito!   즉시 떠나지 마!

＊ 명령 표현을 사용할 경우에는 일반적으로 영어의 Please에 해당하는 'per favore,
  per piacere, per cortesia, se non ti(Le) dispiace, ti prego' 표현을 문장의 맨 앞
  혹은 맨 뒤에 사용해 부드럽게 표현한다.

  ① Dammi la tua penna, **per favore**!   네 펜을 내게 주렴!
  ② **Per cortesia**, accompagnami a casa!   나를 집에 대려다 주렴!

3단계

표현 따라하기   [Ascolto 듣기 90]

명령 표현

Dammi del pane!   나에게 빵을 줘!
Fammi una cortesia!   부탁 좀 들어줘!

Ascoltami bene!   내 말 잘 들어!

Dimmi pure!   말해 봐!

Uomo : Posso fumare?

Donna : No, non fumi, per favore.

남자 : 담배를 피워도 될까요?

여자 : 아니오, 담배를 피우지 마십시오!

Uomo : Se non ti dispiace, potrei aprire la porta?

Donna : Certo, apri pure!

남자 : 괜찮다면 문을 열어도 될까?

여자 : 물론이지. 열어!

Uomo : Maria, per favore, potrei stare con te?

Donna : Certo, sta' pure!

남자 : 마리아, 너와 있어도 될까?

여자 : 물론이지, 있어도 돼.

4 단계

상황 익히기   [Ascolto 듣기 91]

상황 1

Uomo : Sei impegnata adesso?

Donna : No, non tanto. Hai bisogno di aiuto?

Uomo : Sì. **Accompagnami** alla stazione, per favore!

Donna : Certo!

남자 : 지금 바쁘니?

여자 : 아니, 그렇게 바쁘지 않아. 내 도움이 필요하니?

남자 : 응. 나를 역에 데려다 줘!

여자 : 물론이지.

상황 2

Uomo : Signora, potrei entrare?

Donna : Prego, **entri** pure!

Uomo : Grazie mille!

Donna : Si figuri!
남자 : 부인, 들어가도 될까요?
여자 : 물론이죠, 들어오십시오!
남자 : 대단히 감사합니다.
여자 : 별말씀을요!

5단계

함께 연습하기 정답 : 241p

1. 다음 괄호 안에 동사의 명령법 형태를 넣으시오.

(1) Mario, (entrare :   )!

(2) Anna, (salire :   )!

(3) Carlo, (finire :   ) di parlare, per cortesia!

(4) Signor Paolo, (parlare :   ) pure!

(5) Signora Marisa, (pulire :   ) la camera, per favore!

2. 다음을 우리말로 해석하시오.

(1) Anna, mangia questa pasta!

(2) Carlo, ti prego di stare zitto!

(3) Mario, non prendere quel latte!

(4) Signore, beva questo vino!

(5) Signora Paola, sieda pure!

3. 다음을 이탈리아어로 작문하시오.

(1) 커피 한잔 합시다!

(2) Anna, 그 커피 마시지마!

(3) Mario, 잠 자지마!

⑷ Carlo, 노래하러 가자!

⑸ 아가씨, 이리 오십시오!

4. 본문 첫 부분의 대화를 듣고 다음 괄호 안을 채우시오.

Mario : Laura, (1.) dov'è l'Hotel Flora!

Laura : È vicino alla stazione centrale.

   Quando arrivi davanti alla stazione, (2.) a sinistra.

   E poi (3.) la prima via a destra. L'Hotel Flora è lì.

Mario : A me pare complicato. (4.) di nuovo!

Laura : No, è molto (5.).

5. 책을 덮은 상태에서 이번 과에 녹음된 자료를 듣고 큰 소리로 따라하시오.

전치사
(**Preposizione**)

🎧 [Ascolto 듣기 92]

Mario : Ho lasciato la chiave della macchina **da** Roberto,

perciò devo tornare **da** lui.

Laura : **Da** che parte abita Roberto?

Mario : Abita lontano **da** qui, perciò devo andare **in** macchina

o **in** autobus.

Laura : Ma prima sarebbe meglio telefonargli **per** avvisarlo del tuo arrivo.

Mario : Bella idea!

마리오 : 나는 집 열쇠를 로베르또 집에 놔두었어. 그래서 그에게 돌아가야만 해.
라우라 : 로베르또는 어느 지역에 살아?
마리오 : 이곳에서 먼 곳에 살아. 그래서 나는 자동차나 버스를 타고 가야야만 해.
라우라 : 하지만 우선 네가 도착한다는 것을 알려주기 위해 그에게 전화를 하는 것이 더 좋
을 것 같아.
마리오 : 좋은 생각이야!

단어와 숙어 익히기

• abita	(그는) 거주하다, 살다. 동사 abitare의 직설법 현재 3인칭 단수 형태(→ 제 7과 …페이지 참고).
• andare in autobus	버스를 타고 가다.
• andare in macchina	자동차를 타고 가다.
• bella idea	좋은 생각. bella : 좋은, 멋있는, 아름다운. 뒤에 위치한 명사 idea를 수식하는 품질형용사. 명사 idea가 여성 단수이므로 명사와 형용사의 성수일치에 의해 bella이다(→ 제 4과 52~53페이지 참고).
• buoni rapporti	좋은 관계. buoni : 좋은. 뒤에 위치한 명사 rapporti를 수식하는 품질형용사. 명사 rapporti가 남성 복수이므로 명사와 형용사의 성수일치에 의해 buoni이다(→ 제 4과 51~52페이지 참고). rapporti : 관계. 단수 형태는 rapporto이다.
• collaboratori	협조자들, 협력자들. 단수 형태는 collaboratore이다.
• compleanno	생일.
• consegno	(나는) ~을/를 전달한다. 동사 consegnare의 직설법 현재 1인칭 단수 형태.
• da lui	그에게, 그가 있는 곳에.
• da che parte	어느 지역에, 어느 부분에. da : ~곳에. 장소를 나타내는 전치사. che : 뒤에 위치한 명사 parte를 수식하며 의문사의 역할을 하는 의문형용사. parte : 부분, 지역.
• da Roberto	로베르또 집에.
• devo tornare	(나는) 돌아가야만 한다. devo : (나는) ~을/를 해야만 한다. 동사 dovere의 직설법 현재 1인칭 단수 형태(→ 제 8과 99페이지 참고). tornare : 돌아가다, 돌아오다.
• è morto	(내 할아버지가) 세상을 떠났다. 직설법 근과거 형태. è : (내 할아버지는) ~이다. 동사 essere의 직설법 현재 3인칭 단수 형태. 이 문장에서 essere 동사는 원래

의 의미를 갖지 않고 뒤에 위치한 morto와 결합하여 ‘직설법 근과거’ 시제를 형성하는 보조적인 역할을 담당한다. 그러므로 이 경우의 essere 동사를 ‘보조동사(verbo ausiliare)’ 라고 한다. 이 경우는 뒤에 위치한 morto가 목적어가 필요 없는 자동사이므로 essere 동사를 보조동사로 택했다. morto : 동사 morire(사망하다)의 과거분사 형태. 만일에 주어가 여성 단수라면 주어와 과거분사의 성수일치에 의해 è morta이어야 한다(→ 제 12과 142~143페이지 참고).

- francobolli

우표들. 단수 형태는 francobollo이다.

- ho lasciato la chiave della macchina

나는 자동차 열쇠를 놔두었다. Ho lasciato : (나는) ~을/를 놔두었다. 직설법 근과거 형태. ho : (나는) ~을/를 가지다. 동사 avere의 직설법 현재 1인칭 단수 형태. 이 문장에서 avere동사는 원래의 의미를 갖지 않고 뒤에 위치한 lasciato와 결합하여 ‘직설법 근과거’ 시제를 형성하는 보조적인 역할을 담당한다. 그러므로 이 경우의 avere 동사를 ‘보조동사(verbo ausiliare)’ 라고 한다. 이 경우는 뒤에 위치한 lasciato가 목적어를 필요로 하는 타동사로 사용되었으므로 avere 동사를 보조동사로 택했다(→ 제 12과 144페이지 참고). lasciato : 동사 lasciare(~을/를 놔두다)의 과거분사 형태. la cena : 저녁 식사.

- ho pianto

나는 울었다. 직설법 근과거 형태. ho : (나는) ~을/를 가지다. 동사 avere의 직설법 현재 1인칭 단수 형태. 이 문장에서 avere동사는 원래의 의미를 갖지 않고 뒤에 위치한 pianto와 결합하여 ‘직설법 근과거’ 시제를 형성하는 보조적인 역할을 담당한다. 그러므로 이 경우의 avere 동사를 ‘보조동사’ 라고 한다. 이 경우는 뒤에 위치한 pianto가 ‘울음을’ 이라는 목적어의 의미가 포함된 자동사로 사용되었으므로 avere 동사를 보조동사로 택했다(→ 제 12과 144페이지 참고). pianto : 동사 piangere(울음을 울다)의 과거분사 형태.

• il tuo arrivo   너의 도착. il : 남성 단수 명사 또는 남성 단수 형용사 앞에 사용하는 정관사. tuo : 너의. 뒤에 위치한 명사 arrivo를 수식하는 소유형용사. 명사 arrivo가 남성 단수이므로 명사와 형용사의 성수일치에 의해 tuo이다. arrivo : 도착.

• la chiave della macchina

자동차 열쇠. le chiavi : 열쇠. della macchina : 자동차의. della : di＋la 전치사관사. la macchina : 자동차.

• lontano da   ~곳으로부터 멀리.

• ma   그러나. 하지만.

• matematica   수학.

• mio nonno   내 할아버지. tuo : 너의. 뒤에 위치한 명사 nonno를 수식하는 소유형용사. 명사 nonno가 남성 단수이므로 명사와 형용사의 성수일치에 의해 mio이다. 소유형용사 앞에는 일반적으로 관사를 사용하나, 이곳에서는 nonno(할아버지)가 가족, 친지를 나타내는 단수이므로 관사가 생략되었다(→ 제 6과 73페이지 참고).

• novantanove anni   아흔아홉(99) 살.

• o   또는, 혹은.

• per andarci   그곳에 가기 위해. per : ~위해서. andarci : 그곳에 가다. andare＋ci의 결합 형태. andare : 가다. ci : 그곳에. 앞에 위치한 장소를 대신한다. 문맥상 이곳에서는 '로베르또의 집'을 의미한다.

• per avvisare   알리기 위해서. per : ~위해서. avvisare : 통보하다, 알리다.

• per primo   제일 먼저, 우선.

• perciò   그래서, 그러므로.

• qui   여기, 이곳(= qua).

• sarebbe meglio   ~하는 것이 더 좋다. sarebbe : 동사 essere의 조건법 현재 3인칭 단수 형태(→ 제 17과 188페이지 참고). meglio : 더 좋은.

• stiamo preparando   (우리는) ~을/를 준비하고 있는 중이다. stiamo : 동사

	stare의 직설법 현재 1인칭 복수 형태. preparando : 동사 preparare의 제룬디오 현재 형태(→ 제 18과 200페이지 참고).
• telefonargli	그에게 전화를 하다. telefonare＋gli의 결합 형태. telefonare : 전화를 하다. gli : 그 남자에게(= a lui). 간접목적인칭대명사 3인칭 단수 형태(→ 제 11과 129페이지 참고).
• un bel paio di scarpe	멋있는 구두 한 켤레. un paio di scarpe : 구두 한 켤레. bel : 멋있는, 예쁜. 뒤에 위치한 명사 paio를 수식하는 품질형용사. 명사 paio가 자음으로 시작하는 남성 단수이므로 명사와 형용사의 성수일치에 의해 bel이다(→ 제 4과 52페이지 참고).
• un regalo	선물.
• un rifornitore di benzina	주유소. un rifornitore : 공급자. di benzina : 휘발유의.
• un quadro	그림, 액자.
• una borsetta	핸드백.
• una lampada a gas	가스램프. una lampada : 램프. a gas : 가스를 사용하는.

2단계

문법 따라잡기

'전치사'는 형태가 변하지 않는 '불변환 품사'로서 명사, 대명사 또는 동사원형 앞에 놓이기 때문에 전치사라고 한다.

'전치사'에는 여러 종류가 있으니 이곳에서는 가장 많이 사용되고 필수적으로 학습해야하는 전치사로서의 기능만을 담당하는 전치사인 **본질적 전치사**에 대해 알아보기로 한다.

'본질적 전치사'에는 a, di, da, in, con, su, per, fra(tra)가 있다. 이 중에서 fra(tra)를 제외한 모든 전치사는 전치사 뒤에 오는 명사가 정관사를 동반하는 경우에 정관사와 합해져서 이미 학습한 '전치사관사'(→ 제 3과 참고) 형태를 갖는다.

각각의 전치사가 한 가지의 의미만을 갖는 것이 아니라 일반적으로 10여개 또는 그 이상의 의미를 지니고 있으므로, 문맥에 맞도록 전치사를 해석하고 사용해야 한다.

본질적 전치사(Preposizioni proprie)

A

① '장소로의 이동' 및 '장소 상태'를 지시한다.
Andiamo **a** Milano. 우리는 밀라노에 간다. (장소로의 이동)
Vivo **a** Seoul. 나는 서울에 산다. (장소 상태)

② '정해진 시간'을 지시한다.
Partiremo **all**'alba. 우리는 새벽에 떠날 것이다.

③ '대상'을 지시한다.
Consegno una lettera **a** Mario.
나는 편지를 마리오에게 전달한다.

④ '방식'을 지시한다.
Devi parlare **a** bassa voce.
너는 작은 소리로 말해야 한다.

⑤ '수단'을 지시한다.
Questa è una lamapada **a** gas. 이것은 가스램프이다.

⑥ '목적'을 지시한다.
Stiamo preparandoci **al** ritorno. 우리는 돌아오기 위한 준비를 하고 있는 중이다.

⑦ '한정된 나이'를 나타낸다.
Mio nonno è morto **a** novantanove anni.
내 할아버지는 99세에 돌아가셨다.

⑧ '가격'을 나타낸다.

Ho comprato un bel paio di scarpe **a** 80 euro.

나는 멋있는 구두 한 켤레를 80유로에 구입했다.

⑨ '비교'를 나타낸다.

Non avevo mai visto un quadro simile **a** questo.

나는 이것과 유사한 그림을 본 적이 결코 없었다.

⑩ '거리'를 나타낸다.

Il paese è **a** tre chilometri.

마을은 3 킬로미터 거리에 있다.

con

① '동반'을 지시한다.

Vado a Roma **con** Anna.

나는 안나와 함께 로마에 간다.

② '결합'을 지시한다.

Insieme **con** la pioggia veniva giù anche la grandine.

비와 더불어 우박도 내렸다.

③ '방식'을 지시한다.

Devi fare tutte le cose **con** calma.

너는 모든 것을 침착하게 해야 한다.

④ '수단'을 지시한다.

Verrò **con** il treno delle 10:00.

나는 10시 기차를 타고 올 것이다.

 * '구체적인 시간' 또는 '다른 정보가 제시될 경우'에는 전치사 con을 사용한다.
   단순히 교통수단만을 나타낼 경우에는 전치사 in을 사용한다.

⑤ '시간' 을 지시한다.

Maria è arrivata **con** il buio.

마리아는 어두울 때 도착했다.

⑥ '관계' 를 나타낸다.

Carlo è in buoni rapporti **con** gli amici.

까를로는 친구들과 좋은 관계를 맺고 있다.

⑦ '한정' 을 나타낸다.

Con la matematica non andavo bene.

수학에 한해 나는 잘 하지 못했다.

⑧ '원인' 을 지시한다.

Con questa neve non si può partire.

이 눈 때문에 떠날 수 없다.

⑨ '양보' 를 나타낸다.

Con tutti i collaboratori che ha, fa tutto da solo.

모든 협력자들이 있음에도 불구하고 그는 혼자서 모든 것을 한다.

⑩ '품질 또는 특성' 을 나타낸다.

Ho comprato una camicia **con** le maniche corte.

나는 반 팔 셔츠를 구입했다.

Da

① '장소로부터의 이동', '장소로의 이동', '장소 상태' 를 지시한다.

Il treno arriva **da** Roma.

기차는 로마에서 온다. (장소로부터의 이동)

Devo andare **dal** medico.

나는 병원에 가야만 한다. (장소로의 이동)

Ieri sono rimasto **da** Carlo.
어제 나는 까를로네 집에 있었다. (장소 상태)

② '이유'를 지시한다.
Laura ha pianto **dalla** gioia. 라우라는 기뻐서 울었다.

③ '기원'을 지시한다.
Ho ricevuto una lettera **dall**'Italia. 나는 이탈리아에서 편지를 받았다.

④ '지속 시간'을 지시한다.
Aspetto l'autobus **da** un'ora. 나는 한 시간째 버스를 기다리고 있다.

⑤ '목적'을 지시한다.
Questa è la stanza **da** letto. 이것이 침실이다.

⑥ '분리/멀어짐'을 지시한다.
Lontano **dagli** occhi, lontano **dal** cuore. 안보면 멀어진다.

⑦ '행위자'를 나타낸다.
Il libro fu scritto **da** Dante Alighieri.
그 책은 단테 알리기에리에 의해 저술되었다.

⑧ '가치, 가격'을 나타낸다.
Vorrei comprare due francobolli **da** 2 euro.
저는 2유로짜리 우표 두 장을 사고 싶습니다.

⑨ '사람의 행동, 매너, 스타일'을 나타낸다.
Lui mi parla sempre **da** amico. 그는 나에게 언제나 친구처럼 말한다.

⑩ '사람의 육체적 특징 또는 품성'을 나타낸다.
Chi è quella ragazza **dai** capelli biondi? 저 금발의 소녀는 누구니?

Di

① '소속' 을 지시한다.
Questa è la penna **di** Laura. 이것은 라우라의 펜이다.

② '명칭' 을 지시한다.
L'isola **di** Sicilia era fertilissima. 시칠리아 섬은 매우 기름지다.

③ '비교' 를 지시한다.
Mario è più alto **di** Carlo. 마리오는 까를로보다 더 키가 크다.

④ '장소로부터의 이동' 을 지시한다.
Anna è uscita **di** casa con sua madre per fare la spesa.
안나는 장을 보기 위해 그녀의 어머니와 함께 집에서 나왔다.

⑤ '재료' 를 지시한다.
Questa giacca è **di** lana. 이 재킷은 모직으로 만들어졌다.

⑥ '방식' 을 지시한다.
Il ladro si è avvicinato **di** nascosto. 도둑은 숨어서 다가왔다.

⑦ '주제' 를 지시한다.
Mi piace parlare **di** calcio. 나는 축구에 대해 이야기하는 것을 좋아한다.

⑧ '원인' 을 지시한다.
Mario è morto **di** cancro. 마리오는 암으로 죽었다.

⑨ '한정된 시간' 을 지시한다.
Di sera provo nostalgia. 나는 밤에 향수를 느낀다.

⑩ '부분' 을 지시한다.
Alcuni **degli** amici sono già partiti per Milano.
친구들 중 몇 명은 이미 밀라노로 출발했다.

① '장소로의 이동', '장소 상태'를 지시한다.
Abito **in** città. 나는 도시에 산다.(장소 상태)
L'anno prossimo andrò **in** Italia.
나는 내년에 이탈리아에 갈 것이다.(장소로의 이동)

② '한정 시간', '지속 시간'을 지시한다.
In primavera tornano le rondini. 봄에는 제비들이 돌아온다.(한정 시간)
Nel giro di due mesi il lavoro sarà compiuto.
두 달 동안에 그 일은 완성될 것이다.(지속 시간)

③ '수단'을 지시한다.
Ho preso una casa **in** affitto. 나는 집을 월세로 얻었다.

④ '방식'을 지시한다.
Mario è partito **in** fretta. 마리오는 서둘러 떠났다.

⑤ '한정'을 지시한다.
Anna si è laureata **in** lettere. 안나는 문학부를 졸업했다.

⑥ '재료'를 지시한다.
Era una tavola **in** marmo. 그것은 대리석으로 된 테이블이었다.

⑦ '수량'을 지시한다.
In quanti siete? Siamo **in** sei. 몇 명이죠? 여섯 명입니다.

⑧ '목적'을 지시한다.
Ho dato un libro **in** lettura a Maria.
나는 마리아에게 독서를 위한 책을 주었다.

① '장소 통과', '장소로의 이동'을 지시한다.

L'autobus passa **per** via Manzoni. 버스는 만초니 거리로 지나간다. (장소 통과)

Questa domenica partirò **per** Roma.

나는 이번 일요일에 로마로 출발할 것이다. (장소로의 이동)

② '한정 시간', '지속 시간'을 지시한다.

La cena è fissata **per** le otto e mezza.

저녁 식사는 8시 30분으로 정해졌다. (한정된 시간)

Ho aspettato l'autobus **per** tre ore.

나는 세 시간 동안 버스를 기다렸다. (지속 시간)

③ '목적'을 지시한다.

Ti scriverò **per** informarti dei miei programmi.

나는 네게 내 스케줄을 알려주기 위해 편지를 쓰겠다.

④ '이유/원인'을 지시한다.

Tremavo **per** il freddo. 나는 추워서 떨었다.

⑤ '수단'을 지시한다.

Vorrei spedire questa lettera **per** raccomandata.

나는 이 편지를 등기로 보내고 싶다.

⑥ '방식'을 지시한다.

Ho detto quello **per** scherzo. 나는 그것을 농담으로 말했다.

⑦ '가격'을 지시한다.

Ho venduto quel quadro **per** due mila euro.

나는 그 그림을 2천 유로에 팔았다.

⑧ '한정'을 지시한다.

Per me, tu stai dicendo le bugie. 내가 볼 때 너는 거짓말을 하고 있다.

⑨ '분배/할당'을 지시한다.

Qui si può entrare uno **per** volta.

이곳은 한 번에 한 명씩 들어갈 수 있다.

⑩ '이익'을 지시한다.

Questo è un regalo **per** te.

이것은 너를 위한 선물이다.

Su

① '장소 상태', '장소로의 이동'을 지시한다.

Il vaso è **sul** mobile. 꽃병은 가구 위에 있다.(장소 상태)

Mario è salito **sull**'albero. 마리오는 나무 위로 올라갔다.(장소로의 이동)

② '주제'를 지시한다.

Ho letto un libro **su** Michelangelo. 나는 미켈란젤로에 관한 책을 읽었다.

③ '한정 시간', '지속 시간'을 지시한다.

Arriverò a Roma **sulle** dieci di sera.

나는 저녁 10시경에 로마에 도착할 것이다.(한정 시간)

Ho camminato **sulle** due ore.

나는 약 두 시간 정도 걸었다.(지속 시간)

④ 대략적인 '나이'를 지시한다.

Arriva un uomo **sulla** quarantina. 약 40대의 남자가 도착한다.

⑤ 대략적인 '가격'을 지시한다.

Ho comprato una borsetta **sui** duecento euro.

나는 약 200유로짜리 핸드백을 샀다.

⑥ 대략적인 '무게/치수'를 지시한다.

La valigia pesa **sui** dieci chili. 짐은 약 10킬로그램이 나간다.

⑦ '방식'을 지시한다.
Faccio tutto **sul** serio. 나는 모든 것을 진지하게 한다.

⑧ '수단'을 지시한다.
Abbiamo attraversato il fiume **su** zattere. 우리는 뗏목을 타고 강을 건넜다.

⑨ '분배/할당'을 지시한다.
Tre persone **su** quattro hanno rifiutato di rispondere.
네 명 중에 세 명이 답변하는 것을 거절했다.

Tra / Fra

*Tra와 Fra의 의미는 동일하다. 이를 구별해서 사용하는 것은 발음상의 혼란을 피하기 위한 것이다. 예를 들어 fra 뒤에 오는 단어가 f로 시작하는 경우는 tra를 사용하는 것이 혼돈을 피할 수 있다(예 : fra fratelli → tra fratelli). 이와 반대로 tra 뒤에 오는 단어가 t로 시작하는 경우는 fra를 사용하는 것이 좋다(예 : tra trenta minuti → fra trenta minuti).

① '장소 상태', '장소로의 이동', '장소 통과'를 지시한다.
Sto cercanto un documento importante **tra** le carte.
나는 종이들 사이에서 중요한 서류를 찾고 있는 중이다.(장소 상태)
Lui si è tuffato **tra** le onde.
그는 파도 사이로 다이빙을 했다.(장소로의 이동)
La luce filtra **tra** i rami degli alberi.(장소 통과)
빛은 나뭇가지 사이로 통과한다.

② '거리'를 지시한다.
Tra due chilometri c'è un rifornitore di benzina.
2 킬로미터 거리에 주유소가 있다.

③ '관계'를 지시한다.
Tra moglie e marito non mettere il dito. 아내와 남편사이에는 끼어들지 마라.

④ '정해진 시간'을 지시한다.

Ti telefonerò **fra** cinque minuti. 나는 네게 5분 후에 전화하겠다.

⑤ '부분'을 지시한다.

Chi **tra** voi non è d'accordo? 너희들 중에 누가 동의하지 않느냐?

⑥ '원인'을 지시한다.

Fra il timore e l'emozione non riuscivo a parlare.

두려움과 흥분 때문에 나는 말을 할 수 없었다.

3단계

표현 따라하기　　🎧 [Ascolto 듣기 93]

Uomo : Dove abita Mario?

Donna : Mario abita in Italia, a Roma.

남자 : 마리오는 어디에 사니?

여자 : 마리오는 이탈리아 로마에 살아.

Uomo : Dove vai?

Donna : Vado da Anna.

남자 : 너는 어디 가니?

여자 : 나는 안나 집에 가.

Uomo : Quando parte il treno per Roma?

Donna : Fra 10(dieci) minuti.

남자 : 로마행 기차가 언제 떠나죠?

여자 : 10분 후에요.

Uomo : Questo è un regalo per il tuo compleanno.

Donna : Molte grazie!

남자 : 이것은 네 생일 선물이야.

여자 : 너무 고마워.

상황 익히기   [Ascolto 듣기 94]

Uomo : Hai detto a Carlo di venire stasera per cenare insieme?

Donna : Sì, gliel'ho già detto.

Uomo : Va bene. Lui verrà da solo o con qualche amico?

Donna : Penso che venga insieme con la sua amica.

남자 : 너는 까를로에게 오늘 저녁에 함께 식사하자고 오라고 말했니?

여자 : 응, 그에게 이미 그것을 말했어.

남자 : 좋아. 그는 혼자 올까 아니면 친구들과 올까?

여자 : 내 생각에는 그가 여자 친구와 올 것 같아.

Uomo : Che cosa hai regalato a Anna per Natale?

Donna : Le ho regalato una penna.

Uomo : Quando gliel'hai regalata?

Donna : Gliel'ho regalata proprio ieri.

남자 : 너는 안나에게 크리스마스를 위해 무엇을 선물했니?

여자 : 나는 그녀에게 펜을 선물했어.

남자 : 너는 언제 그녀에게 그것을 선물했니?

여자 : 바로 어제 나는 그녀에게 그것을 선물했어.

함께 연습하기   정답 : 242p

1. 다음 괄호 안에 알맞은 전치사를 넣으시오.

(1) Non mi piace lavorare (　) notte.

(2) Oggi giorno tutti viaggiano (　) aereo.

(3) Abbiamo molto (　) fare.

(4) Ieri sera Mario è stato (　) cena fuori (　) Anna.

(5) (　) un'ora, devo partire.

2. 다음을 우리말로 해석하시오.

(1) Hai visto la nuova macchina di Luigi?

(2) Ieri Mario ha letto un libro su Cristoforo Colombo.

(3) Signora, Le invio il documento per posta.

(4) Decidete tra voi!

(5) Tra me e Anna c'è sempre stata una grande amicizia.

3. 다음을 이탈리아어로 작문하시오.

(1) 나는 밤에 잠을 자고, Paolo는 낮에 잠을 잔다.

(2) 우리는 여름에 언제나 바다에 간다.

(3) 나는 50유로짜리 수영복을 구입했다.

(4) Maria는 로마에서 태어났으나 밀라노에 살고 있다.

(5) 나는 이탈리아어를 공부하기 위해 Mario와 같이 도서관에 가는 중이다.

4. 본문 첫 부분의 대화를 듣고 다음 괄호 안을 채우시오.

Mario : Ho lasciato la chiave della macchina (1.   ) Roberto,
        perciò devo tornare da lui.

Laura : Da che parte (2.   ) Roberto?

Mario : Abita lontano da qui, perciò devo andare (3.   ) macchina
        o in autobus .

Laura : Ma prima (4.   ) meglio (5.   ) per avvisarlo del tuo arrivo.

Mario : Bella idea!

5. 책을 덮은 상태에서 이번 과에 녹음된 자료를 듣고 큰 소리로 따라하시오.

부록

연습문제 해답

연습문제 해답

1. 1) sono
   2) siamo
   3) ho
   4) hai
   5) hanno
2. 1) 제 이름은 철수입니다.
   2) 저는 서울에 삽니다.
   3) 저는 한국에 삽니다.
   4) 안나는 이탈리아인이다.
   5) 마리오는 이탈리아인이다.
3. 1) Sono coreano(a). 한국인 남자면 coreano, 한국인 여자면 coreana.
   2) Younghee è coreana.
   3) Chulsoo e Younghee sono coreani.
   4) Younghee e Soobin sono coreane.
   5) Mario e Anna sono italiani.
4. 1) chiamo
   2) sono
   3) Sono
   4) cinque
   5) frequento

1. 1) stai
   2) sto
   3) sta
   4) sto
   5) va
2. 1) 잘 지내니?
   2) 잘 지내, 고마워.
   3) 공부는 잘 되가니?
   4) 잘 되가.
   5) 그저 그래.
3. 1) Ciao, Anna, come stai?
   2) Sto bene, grazie.
   3) Buon giorno, professor Kim, come sta?
   4) Sto bene, grazie.
   5) Abbiamo un telefonino.
4. 1) stai
   2) Sto
   3) pallida
   4) Hai
   5) Ho

1. 1) un
   2) un
   3) una
   4) un'
   5) uno
2. 1) il → i maestri
   2) la → le maestre
   3) l' → gli amici
   4) l' → le amiche
   5) la → le mani

3. 1) il quaderno

   2) la matita

   3) l'amica

   4) il panorama

   5) la foto

4. 1) questo

   2) quaderno

   3) è

   4) una

   5) matita

1. 1) blu. 푸른 하늘.(cielo는 남성 단수.
      blu는 성수에 관계없이 언제나 blu).

   2) blu. 푸른 치마.(gonna는 여성 단수.
      blu는 성수에 관계없이 언제나 blu).

   3) belli. 꽃들은 아름답다.(주어인 i fiori
      가 남성 복수이므로 belli이다).

   4) contenta. 안나는 기쁘다.(주어인
      Anna가 여성 단수이므로 contenta이
      다).

   5) bianche. 의자들은 흰색이다.(주어인
      le sedie가 여성 복수이므로 bianche
      이다).

2. 1) 노트들은 초록색이다.

   2) 침대는 넓지 않고, 길다.

   3) 토스카는 검은 눈을 가지고 있다(토스
      카의 눈은 검다).

   4) 문은 크고, 창문은 작다.

   5) 우리는 기쁘다.
      *우리가 남성일 경우는 contenti, 여성일 경우는
      contente이다.

3. 1) Mario è bravo(intelligente).

   2) Anna è brava(intelligente).

   3) Gli spaghetti sono buoni.

   4) Il fiore è rosso e la giacca è nera.

   5) Roberto e Carla sono stanchi.
      *Roberto는 남성이고 Carla는 여성이다. 이 경우
       에는 남성 복수로 취급한다. 그러므로 stanco의
       남성 복수형 stanchi이다).

4. 1) colore

   2) bianca

   3) foglie

   4) Le

   5) verdi

1. 1) è

   2) È

   3) sono

   4) sono

   5) che

2. 1) 몇 시입니까?

   2) 6시입니다.

   3) 몇 시에 너는 약속이 있니?

   4) 9시에

   5) 오늘은 토요일이다.

3. 1) Che ora è? 또는 Che ore sono?

   2) È mezzogiorno.

   3) Che giorno è oggi?

   4) A che ora fai colazione?

   5) Vado a scuola alle otto.

4. 1) ore

   2) sette

   3) Perché

4) appuntamento

5) Alle

1. 1) il suo → i suoi lavori

   2) sua → le sue zie

   3) suo → i suoi zii

   4) mio → i miei fratelli

   5) mia → le mie sorelle
   * 단수 가족, 친지의 경우, 소유형용사 앞에 관사를
     붙이지 않는다. 그러나 복수가 되면 관사를 붙여
     야 하는 점에 유의.

2. 1) 제 이름은 홍길동입니다.

   2) 이 치마는 붉은색이다.

   3) 이 양말들은 녹색이다.

   4) 저 옷들은 멋있다.

   5) 그 부츠들은 멋있지 않다.

3. 1) Questo è mio padre.

   2) Questa è mia madre.

   3) Quello è il mio amico.

   4) Quello è la mia amica.

   5) Questi sono i miei amici.

4. 1) miei

   2) Questo

   3) quella

   4) lieto

   5) lieta

1. 1) Parlo

   2) Parli

   3) Perde

4) partiamo

5) Capite

2. 1) 우리는 이탈리아어를 말할 줄 안다.

   2) 그들은 이탈리아어를 말할 줄 안다.

   3) 너는 서류를 잃어버린다.

   4) 나는 로마로 출발한다.

   5) 우리는 이탈리아어를 이해한다.

3. 1) (io) Parlo l'italiano.

   2) (io) Capisco l'italiano.

   3) (noi) Perdiamo i documenti.

   4) (loro) Partono per Roma.

   5) (voi) Capite l'italiano.

4. 1) Pronto

   2) arrivi

   3) verso

   4) prendere

   5) ringrazio

1. 1) Vado 나는 이탈리아에 패션을 공부하
      기 위해 간다.

   2) Cerchiamo 우리는 아파트를 찾고 있다.

   3) Sappiamo 우리는 이탈리아어를 안다.

   4) Esco 나는 집에서 일찍 나간다.

   5) Vieni 너는 한국에서 온다.

2. 1) 나는 면도를 한다.

   2) 너는 누구와 함께 산에 가고 싶니?

   3) 내가 돈을 낼께.

   4) 너는 왜 이탈리아에 있니?

   5) 너는 어떤 음반을 좋아하니, 이것 아니
      면 저것?

3. 1) Signor Roberto, che lavoro fa?

2) Loro leggono il giornale.

3) Voglio imparare bene l'inglese.

4) Possiamo stare ancora un po' fuori.

5) Non possiamo camminare a lungo.

4. 1) vai

2) Vado

3) Posso

4) voglio

5) Va

---

3) Questa macchina è più comoda che bella.

4) Laura è meno intelligente di Maria.

5) Preferisco andare in treno piuttosto che in macchina.

4. 1) bellissima

2) giocatore

3) veloce

4) rapidissimo

5) dell'altra

9

1. 1) di. 까를로는 마르꼬보다 더 크다.

2) quanto. 피렌체는 베네치아만큼 멋있다.

3) del. 달은 태양 보다 덜 크다. (태양은 유일한 것이므로 정관사가 요구됨)

4) che. 안나는 예쁘기보다 더 우아하다.

5) che. 쓰는 것 보다 말하는 것이 더 쉽니다. (동사 비교시에는 che 사용)

2. 1) 피렌체는 로마보다 덜 크다.

2) 라우라는 다른 친구들 보다 더 뚱뚱하다.

3) 빠올라는 똑똑하기 보다 더 예쁘다.

4) 마리오는 모든 형제들 중에서 가장 키가 크다.

5) 나는 도서관에서 공부하는 것보다 집에서 공부하는 것을 더 좋아한다.

3. 1) È più facile spendere che guadagnare.

2) Roma è (tanto) rumorosa quanto Milano.

10

1. 1) la. 너는 저 부인을 아니? 아니, 나는 그녀를 몰라.

2) L'. 너는 언제 음악을 듣니? 나는 저녁 식사 후에 그것을 들어(직접목적대명사 여성 단수형 la 뒤에 모음이 올 경우는 축약).

3) lo. 너는 커피 마실래? 응, 그것을 마실 거야.

4) le. 너는 네 여자 친구들을 초대하니? 응, 나는 그녀들을 초대할 거야(직접목적대명사 여성 복수형 le 뒤에 모음이 올 경우는 축약하지 않는다).

5) li. 너는 내 음반들을 원하니? 응, 나는 그것들을 원해.

6) che. 빠올로는 이탈리아 소년인데 그는 우리 대학에서 공부한다(관계대명사. 주어 역할을 한다).

7) che. 안나는 소녀인데 나는 그녀를 종종 만난다(관계대명사. 목적어 역할을

한다).

8) con cui. 마리아는 소녀인데 나는 종종 그녀와 함께 외출한다(관계대명사. uscire con +사람 : ~와 함께 외출하다).

9) per cui. 빠올로와 마리아는 내 친구들인데 나는 그들을 위해 선물을 구입한다(관계대명사. comprare qualcosa per +사람 : ~을/를 위해 선물을 구입하다)

10) Chi. 너무 많이 먹는 사람은 살찐다(관계대명사. ~하는 사람은).

2. 1) 너는 저 소년을 아니? 아니, 나는 그를 몰라.

2) 너는 이 소년들을 아니? 응, 나는 그들을 잘 알아.

3) 너희들은 빠올라를 기다리니? 응, 우리들은 그녀를 기다려.

4) 그들은 빠올라와 까를라를 기다리니? 응, 그들은 그녀들을 기다려.

5) 너는 언제 이 일을 끝내니? 나는 그것을 한 시간 후에 끝내.

6) 이탈리아에 오는 사람은 베네치아를 방문한다.

7) 이것은 내가 종종 내 옷들을 구입하는 상점이다.

8) 마르꼬는 내 친구인데 나는 그의 집으로 종종 저녁 식사를 하러 간다.

9) 이것은 빠올로가 보고 싶어 하는 영화이다(목적어 역할을 하는 che).

10) 이것은 로마에만 멈추는 기차이다(주어 역할을 하는 che).

3. 1) Conosci Maria? Sì, la conosco.

2) Conosci Carlo e Anna? No, non li conosco.

3) Conoscete Roberta e Gianna? Sì, le conosciamo.

4) Roberto, se non conosci la strada, ti accompagno io.

5) Sai dov'è Mario? No, non lo so. (*lo는 앞에 나온 문장 전체를 받을 때도 사용한다.)

6) Questa è Carla che viaggia molto in treno.(주어 역할을 하는 관계대명사 che)

7) Chi va a vedere questo film deve fare la coda.

8) Questo è il giornale che Mario compra sempre.(목적어 역할을 하는 관계대명사 che)

9) Questa è Anna a cui telefono spesso.(a는 생략이 가능하다)

10) Ride bene chi ride ultimo.

4. 1) vuoi

2) compleanno

3) Lo

4) benissimo

5) La

1. 1) Gli. 너는 언제 마리오에게 편지를 쓸거니? 나는 그에게 오늘 편지를 쓸 거야.

2) Le. 너는 언제 안나에게 편지를 쓸거니? 나는 그녀에게 내일 편지를 쓸 거야.

3) Gli. 빠올로씨, 당신의 부모님께 무엇

을 선물합니까?

저는 그들에게 몇 장의 음반을 선물합니다.

4) mi. 너는 이 책들을 좋아하니? 응, 나는 좋아해. (piacciono+복수 명사)

5) ci. 너희들은 이 책을 좋아하니? 아니, 우리들은 싫어해. (piace+단수 명사)

2. 1) 나는 스키 타는 것을 좋아한다. (piace+동사원형 : ~하는 것을 좋아하다)

2) 네게 내 아버지를 소개할게.

3) 너는 이 노래들을 좋아하니?

4) 나는 그녀에게 오늘 전화한다.

5) 나는 너희들에게 음반 몇 장을 선물한다.

3. 1) Ti piace questo libro? Sì, mi piace.

2) Ti piacciono questi libri? No, non mi piacciono.

3) Roberto, che cosa regali alla tua amica? Le regalo una penna.

4) Laura, che cosa regali al tuo amico? Gli regalo un libro.

5) Ci piace questa canzone.

4. 1) Ti

2) cucina

3) mi

4) Quale

5) Preferisco

1. 1) avete trovato. 너희들은 자리를 발견했니?

2) sono andate. 일주일 전에 마리아와 라우라는 연극을 보러 갔다.

3) sono usciti. 어제 마르꼬와 빠올라는 같이 외출했다.

4) è andata. 지난 토요일에 라우라는 학교에 가지 않았다.

5) hai letto. 너는 이미 이 책을 읽었니?

6) avete visto. 너희들은 이미 이 영화를 보았니?

7) l'ho incontrata. 너는 마리아를 만났니? 응, 나는 어제 그녀를 만났어.

8) li ha invitati. 마리오는 그의 친구들을 모두 초대했니? 응, 그는 그들을 모두 초대했어.

9) le ha mangiate. 루이자는 케이크를 전부 먹었니? 응, 그녀는 그것을 전부 먹었어?

10) ne ha invitati. 마리오는 그의 친구들을 모두 초대했니? 아니, 그녀는 세 명만 초대했어.

* 일부분 혹은 전체 부정을 나타낼 경우에는 대명사 ne를 사용하며, 과거분사의 형태는 ne가 지시하는 명사의 성수와 일치한다.)

2. 1) 나는 어제 늦게 잠을 잤다. (dormire : 잠을 자다).

2) 마리아는 피렌체에서 태어났다. (nascere : 태어나다)

3) 작년에 우리는 이탈리아에 갔다.

4) 지난 일요일에 나는 마르꼬를 만났다. (incontrare : 만나다)

5) 아침 내내 안나와 마리아는 집에 남아 있었다. (rimanere : 남다)

6) 너는 이미 이 음반들을 들었니? 응, 나는 이미 그것들을 들었어. (dischi : 음반들. 단수 형태는 disco)

7) 너희들은 마리오씨에게 고맙다고 했
니? 응, 우리는 그에게 이미 했어.

8) 너는 저녁 식사 때 포도주를 많이 마셨
니? 응, 나는 그것을 많이 마셨어.

9) 마리오씨, 당신은 어제 저녁에 담배를
많아 피웠습니까? 아니오, 나는 그것을
많이 피우지 않았습니다.

10) 얘들아, 너희들은 요즘 책을 많이 읽
었니? 아니오, 우리들은 그것을 많이
읽지 않았어요.

3. 1) Sabato scorso Laura è andata in
Italia.

2) L'anno scorso Marco è andato a
Roma.

3) Anche ieri Anna è uscita con i
suoi amici.

4) L'altro ieri sono andato(여성은
andata) a scuola a piedi.

5) Una settimana fa ho mangiato al
ristorante.

6) Signorina, ha spedito la lettera? Sì,
l'ho spedita.

7) Signor Mario, ha comprato i
giornali? No, non li ho ancora
comprati.

8) Ieri hai incontrato Mario e Anna?
Sì, li ho incontrati.

9) Hai visitato molti musei a Milano?
Sì, ne ho visitati molti.

10) Ieri hai bevuto molta birra? Sì, ne
ho bevuta molta.

* (6)~(8)번까지는 직접목적대명사 약형이 동사 앞
에 위치하므로 과거분사 형태가 직접목적대명사
약형의 성수에 일치해야 한다. (9)번과 (10)번의

경우는 '많은'이라는 양을 나타내므로 ne를 사용
해야 한다.

4. 1) sei venuta

2) ho avuto

3) sono stato

4) ho studiato

5) Ho studiato

---

⑬

1. 1) andava. 작년에 마리아는 매일 도서관
에 갔다.

2) dormiva / studiava. 어제 빠올로가
잠을 자고 있을 때, 라우라는 공부를
하고 있었다.

3) andavo / 그저께, 나는 학교에 가던
중에 마리오를 만났다.

4) stava. 어제 빠올라는 학교에 오지 않
았다. 왜냐하면 몸이 아팠기 때문이다.

5) aveva. 지난 일요일에 까를로는 배가
고프지 않다고 말했다.

2. 1) 그제께 나는 머리가 아팠었다.

2) 어제 내가 저녁 식사를 하고 있을 때,
마르꼬가 도착했다.

3) 생수 한 병을 원합니다.

4) 어제 나는 식사를 하며 라디오를 들었다.

5) 작년에 우리는 아침마다 바(bar)로 커
피를 마시러 갔다.

3. 1) L'anno scorso Mario andava in
piscina ogni domenica.

2) Ieri mentre Paolo ascoltava la
radio, Laura guardava la TV.

3) Ieri Anna era molto stanca.

4) Quando Laura è arrivata, Massimo dormiva ancora.

5) La settimana scorsa mentre facevo una passeggiata, ho incontrato i miei amici.

4. 1) hai fatto

2) andavo

3) piscina

4) hai fatto

5) Beato

14

1. 1) avevo conosciuto. 오늘 나는 그저께 알게 되었던 저 소녀를 만났다.

2) avevi promesso. 너는 네가 약속했던 것처럼 아파트를 청소했다.

3) gli aveva dato. 마르꼬는 의사가 그에게 주었던 약을 먹지 않았다.

4) gli avevo detto. 그는 내가 그에게 말했던 것을 이해하지 못했다.

5) avevo bevuto. 어제 나는 머리가 아팠다. 왜냐하면 그 전날 포도주를 너무 마셨기 때문이다.

2. 1) 나는 내가 들은 소식에 대해 믿을 수가 없었다.

2) 전화벨이 울렸을 때 나는 이미 문을 닫았었다.

3) 너는 내가 네게 빌려줬던 책을 다시 가져왔니?

4) 나는 학업을 끝낸 직후에 직업을 구하기 시작했다.

5) 어제 마리아는 매우 피곤했다. 왜냐하

면 그저께 오랜 시간 동안 골프를 쳤기 때문이다.

3. 1) Non avevo fame perché avevo già mangiato.

2) Non ho comprato il giornale perché l'avevo già letto.

3) Maria ci ha raccontato quello che aveva visto a Roma.

4) Signorina, ha spedito la lettera che Le avevo dato?

5) Finalmente ho comprato il disco che tu mi avevi consigliato di ascoltare.

4. 1) perché

2) avevo

3) avevo

4) mangiato

5) consiglio

15

1. 1) andremo. 내일 우리는 밀라노에 갈 것이다.

2) sarai. 너는 다음 일요일에 이탈리아에 있을 거니?

3) avranno. 그들은 내일 모레 할일이 많이 있을 것이다.

4) verrete. 너희들은 내일 저녁에 우리 집에 올 거니?

5) rimarranno. 그들의 부모들은 내일 집에 머무를 것이다.

2. 1) 너는 이 편지에 답장을 할 거니?

2) 나는 이번 토요일에도 일을 해야만 할

것이다.

3) 너희들은 언제 수업을 시작할 거니?

4) 안나도 내 생일 파티에 올 거니?

5) 우리는 다음 달에 밀라노로 떠날 것이다.

3. 1) Saprai la verità fra poco.

2) Laura telefonerà a casa domani.

3) Roberto vorrà rimanere a casa.

4) Marco e Paolo torneranno la settimana prossima.

5) Potrò comprare la macchina il mese prossimo.

4. 1) partirai

2) Partirò

3) domattina

4) Partirò

5) vacanze

1. 1) sarà arrivata. 안나가 도착한 후, 우리는 저녁 식사를 할 것이다.

2) sarà arrivato. 마르꼬가 도착한 후, 우리는 저녁 식사를 할 것이다.

3) sarò ritornato(a). 나는 서울에 돌아간 후, 네게 엽서를 보낼 것이다.

4) saremo arrivati(e). 우리는 로마에 도착한 후, 콜로세움을 방문할 것이다.

5) avrò finito. 나는 이 코스가 끝나자마자 상급코스를 수강할 것이다.

2. 1) 나는 저녁 식사 후, 산책을 할 것이다.

2) 너희들은 숙제를 마친 후, 무엇을 하거니?

3) 마리아는 밀라노에 도착한 후, 그녀의 친구들을 만날 것이다.

4) 마리아와 안나는 이탈리아에 도착한 후, 맛있는 스파게티를 먹을 것이다.

5) 나는 이 일을 끝내자마자 휴가를 갈 것이다.

3. 1) Quando avrò fatto cena, andrò al cinema.

2) Appena sarò arrivato(a) a Seoul, ti telefonerò.

3) Dopo che Carlo e Maria avranno visitato Firenze, partiranno per Venezia.

4) Appena avrò incontrato i miei amici, andrò a prendere un caffè.

5) Quando avremo parlato con lei, vi confesseremo tutto.

4. 1) parti

2) l'Italia

3) arriverai

4) sarò

5) arrivata

1. 1) verresti. 안나, 나와 같이 영화 보러 갈래?

2) offrirebbe. 선생님, 제게 담배 한 개를 주시겠습니까?

3) saremmo. 우리는 Venezia에 가면 행복할 텐데…

4) vorresti. 마리아, 너는 전원에서 살고 싶니?

5) potrebbe. 부인, 몇 시인지 말씀해 주시겠어요?

2. 1) 내게 펜을 빌려줄 수 있니?
   2) 저는 커피 한 잔 원합니다.
   3) 너는 영화를 보러 가고 싶니?
   4) Anna, 너는 네 기타를 가져오길 원하니?
   5) 나는 까뿌치노 한 잔 마시면 좋겠다.
3. 1) L'anno prossimo andrei a Roma.
   2) Vorrei andare in Italia.
   3) Potrei farLe una domanda?
   4) Mario, potresti prestarmi una
      penna?
   5) Signor Paolo, potrebbe spedire
      questa lettera a Maria?
4. 1) prenderei
   2) vorrei
   3) qualcosa
   4) preferisco
   5) ugualmente

하니?
   4) 나는 네가 나가기 전에 일을 끝마칠 것
      이다.
   5) 아마도 조금 후에 눈이 올 것 같다.
3. 1) Spero che tu trovi un buon lavoro.
   2) Penso che Marco sia a casa.
   3) Anna non è sicura che sua madre
      venga presto.
   4) Sono molto felice che tu vada in
      Italia.
   5) Sebbene tu ascolti la radio,
      io dormo(dormirò).
4. 1) lasciare
   2) probabile
   3) debba
   4) possa
   5) Anch'io

18

1. 1) abbia. 우리는 네가 옳다고 생각한다.
   2) siano. 나는 그들이 이곳에 있다고 생
      각하지 않는다.
   3) sappia. 아마도 그는 피아노를 연주할
      줄 알 것이다.
   4) piova. 삐에로는 비가오는데도 불구하
      고 외출한다.
   5) studi. 마르꼬는 안나가 공부한다는 조
      건에서 공부하기로 동의한다.
2. 1) 나는 네가 휴가를 간다니 정말로 행복
      하다.
   2) 나는 그가 그것을 아는지 의심이 된다.
   3) 너는 그들이 늦게 도착할 거라고 생각

19

1. 1) entra. 마리오, 들어와!
   2) sali. 안나, 올라와!
   3) finisci. 까를로, 말 그만 해!
   4) parli. 빠올로씨 말씀하십시오!
   5) pulisca. 마리자 부인, 방을 청소하세
      요!
2. 1) 안나, 이 파스타 먹어!
   2) 까를로, 제발 조용히 해줘!
   3) 마리오, 그 우유 마시지마!
   4) 선생님, 이 포도주를 마시세요!
   5) 빠올라 부인, 앉으십시오!
3. 1) Prendiamo un caffè!
   2) Anna, non prendere quel caffè!

3) Mario, non dormire!

4) Carlo, andiamo a cantare!

5) Signorina, venga qui(qua)!

  *이 문장의 맨 앞 또는 맨 뒤에 per favore, per cortesia 등을 첨부해도 좋다.

4. 1) dimmi

   2) volta

   3) prendi

   4) Spiegami

   5) semplice

---

(20)

1. 1) di. 나는 밤에 일하는 것을 좋아하지 않는다.

   2) in. 오늘날 모든 사람은 비행기로 여행을 한다.

   3) da. 우리는 할 일이 많다.

   4) a. con. 어제 저녁에 마리오는 안나와 함께 밖에서 저녁을 먹었다.

   5) Fra. 한 시간 후에 나는 떠나야만 한다.

2. 1) 너는 루이지의 새 자동차를 보았니?

   2) 어제 마리오는 콜럼부스에 관한 책을 읽었다.

   3) 부인, 저는 당신께 이 서류를 우편으로 보내겠습니다.

   4) 너희들끼리 결정해라!

   5) 나와 안나 사이에는 언제나 대단한 우정이 있었다.

3. 1) Io dormo di notte e Paolo dorme di giorno.

   2) D'estate andiamo sempre al mare.

   3) Ho comprato un costume da

bagno a 50 euro.

4) Maria è nata a Roma ma abita a Milano.

5) Sto andando in biblioteca con Mario per studiare l'italiano.

4. 1) da

   2) abita

   3) in

   4) sarebble

   5) telefonargli